Lotte Bormuth

Meine Trauer
muß der Freude weichen

Gedanken zum Buch Hiob

W0180081

FRANCKE
Verlag der Francke-Buchhandlung GmbH

Die Deutsche Bibliothek – CIP-Einheitsaufnahme

Bormuth, Lotte:
Meine Trauer muß der Freude weichen : Gedanken zum Buch Hiob /
Lotte Bormuth. – Marburg : Francke, 1995
(TELOS-Bücher ; Nr. 7690 : TELOS-Taschenbuch)
ISBN 3-86122-118-7
NE: GT

Alle Rechte vorbehalten
© 1995 by Verlag der Francke-Buchhandlung GmbH
35037 Marburg an der Lahn
Umschlaggestaltung: Agentur Lardon, Hamburg
Texterfassung:
Verlag der Francke-Buchhandlung GmbH/Heike Schmidt
Satz: Druckerei Schröder, 35083 Wetter/Hessen
Druck: St.-Johannis-Druckerei, Lahr   30358

TELOS-Taschenbuch Nr. 7690

Inhalt

Einführung: Ein Bestseller der Weltliteratur   7

Hiobsbotschaften im wahrsten Sinne des Wortes   25
Hiob 1

∴ . . Haut für Haut   39
Hiob 2, 1–10

Wenn Freunde trauern   56
Hiob 2, 11–13

Hiobs Klage   66
Hiob 3, 1–26

Gott verletzt und verbindet   79
Hiob 4, 1–7 und 5, 8–18

Hiob antwortet auf die Rede seines Freundes . .   97
Hiob 6, 1–10

Mein Erlöser lebt   108
Hiob 19

Hiob beugt sich vor Gott   120
Hiob 42, 1–17

Einführung

Ein Bestseller der Weltliteratur

Das Buch Hiob ist eines der ergreifendsten Werke der Weltliteratur. Es steht in der Bibel wie ein Heiligtum und führt
uns in menschliche Tiefen, die uns erschaudern lassen, und
zugleich auch wieder in kaum zu ermessende Höhen. Wunderbar ist seine Sprache, dynamisch, kraftvoll, mit vielen
eindrücklichen Bildern. Man kann sich an dieser Dichtung
berauschen, wenn man seine Verse auf sich wirken läßt.
Denken wir nur an die herrlichen Naturbeschreibungen in
Kapitel 38 und 39. Die Größe und Weisheit Gottes in der
Schöpfung werden uns bis ins Detail ausgemalt. Wenn
schon dieses Werk in bezug auf die Sprache faszinierend ist,
wieviel mehr werden wir von seinem Inhalt überwältigt. Es
geht um das Ringen eines Menschen, der verantwortungs-
bewußt und aufrichtig lebt und seiner Arbeit nachkommt,
aber plötzlich und wie aus heiterem Himmel von einer
Katastrophe in die nächste stürzt. Unverständlich bleibt für
uns Gottes Zulassen, der dem Teufel erlaubt, Hiob zu quälen.

Ein großer Kenner des Alten Testaments, Franz
Delitzsch, sagt: „Es gibt ein Leiden des Gerechten, das kein
Verständnis des Zorns ist, sondern eine Schickung der
Liebe Gottes. Das Leiden des Gerechten ist Durchgang zu
um so größerer Herrlichkeit."

Und doch bleibt auch bei einer solchen Erkenntnis die
Frage offen: Wozu dienen solche Leiden?

Delitzsch geht sogar noch einen Schritt weiter, wenn er
das Schicksal Hiobs mit dem von Jesus vergleicht. Wörtlich
sagt er: „Der eigentliche Inhalt des Buches Hiob ist das
Mysterium des Kreuzes." Das Buch Hiob weist also schon
prophetisch auf die Erlösung hin.

So greift das Buch weit über sich hinaus und wird zu

einem Hinweis auf Jesu Passion. Hiob gerät in eine Lebens- und Glaubenskrise. Seine äußere und innere Existenz wird in Frage gestellt. Hiob, der treu und ergeben Gott dient, wird von der Verzweiflung gepackt und hin und her geschüttelt. Wie soll er seinen Gott verstehen, der in dieser Art und Weise an ihm handelt? Hier kommt Hiob an die Grenzen des Erträglichen. Er ringt um einen Halt trotz allem widersprüchlichen Geschehen. Er fordert sich das Letzte ab, um diese Krise zu bestehen. Seine Worte dringen uns bis ins Mark unserer Seele und seine erlittene Qual läßt uns erschaudern. Nur einige wenige Verse will ich aus Kapitel 3 lesen: „Da tat Hiob seinen Mund auf und verfluchte seinen Tag. Hiob sprach: Ausgelöscht sei der Tag, an dem ich geboren bin, und die Nacht, welche sprach: Es ist ein Sohn empfangen.

Jener Tag soll finster sein, und Gott droben frage nicht nach ihm; kein Glanz müsse über ihm scheinen! Finsternis und Dunkel müssen ihn überwältigen, und dicke Wolken müssen über ihm bleiben, und Verfinsterung am Tage mache ihn schrecklich ...

Warum bin ich nicht gestorben von Mutterleib an? Warum bin ich nicht verschieden, da ich aus dem Leibe kam?

Warum hat man mich auf den Schoß gesetzt? Warum bin ich an den Brüsten gesäugt? So läge ich doch nun und wäre still, schliefe und hätte Ruhe ... Warum ist das Licht gegeben dem Mühseligen und das Leben den betrübten Herzen, die des Todes warten, und er kommt nicht?

Gott hat meinen Weg verzäunt, denn wenn ich essen soll, muß ich seufzen, und mein Heulen fährt heraus wie Wasser.

Denn was ich gefürchtet habe, das ist über mich gekommen, und was ich sorgte, hat mich getroffen.

War ich nicht glückselig? War ich nicht fein still? Hatte ich nicht gute Ruhe? Und es kommt solche Unruhe!" (Hiob, Kap. 3 ff.)

Diese wenigen Verse müßte man auswendig lernen und

dann laut aufsagen, um die Bedrängnis einer solchen leidvollen Lebensführung an sich selbst zu verspüren. Wer nach dem Hiobbuch greift, wird von seiner Dramatik gefesselt und kommt nicht mehr davon los. Ich lese diese Kapitel von Zeit zu Zeit immer wieder und schreibe mir ganze Passagen ab, um jedem Vers noch besser nachsinnen zu können.

Am meisten bewegt Hiob die Frage nach Gottes Gerechtigkeit. Er fragt nach dem Sinn seines Lebens, nach dem Hintergrund seines Leids. Unwillkürlich werden wir an Psalm 34,20 erinnert, wo es heißt: „Der Gerechte muß viel leiden."

Zu allen Zeiten hat diese Frage die Menschen bewegt, und auch heute ist dieses Thema aktuell. Denken wir nur an die schrecklichen Hungersnöte in Somalia, an den Abwurf der Atombombe über Hiroshima. Am 6. August 1945 starben über 200 000 Menschen, und 100 000 Männer, Frauen und Kinder wurden verwundet. Noch heute leiden die Bewohner dieser Stadt an Strahlenschäden. Viele nachgeborene Kinder sind mit schwersten Behinderungen körperlicher und geistiger Art zur Welt gekommen. Als ich einmal in einem Buch einen Bericht über den Atombombenabwurf las, litt ich eine Zeitlang an Schlafstörungen. Dieses Elend ist mir unter die Haut gegangen. Es wird auf dieser Welt unheimlich viel gelitten.

In Ruanda sterben 100 000 im Bürgerkrieg. Schrecklich ist vor allem das Schicksal von Kindern. In einer Schule wurden 88 Schüler mit Dolchen erstochen.

Zum ersten Mal bin ich mit der Wirkung des Hiobbuches zusammengetroffen, als meine Schwester durch ein Zugunglück verletzt wurde. Als einzige hat sie diesen Zusammenprall zweier Züge überlebt. Alle anderen Mitreisenden in dem betreffenden Wagen waren tot. Die Zeitungen schrieben damals über diesen Unfall in Schlagzeilen: „Eine junge Mutter muß einen Schutzengel gehabt haben. Aus diesen Trümmern lebend geborgen zu werden, gleicht einem Wunder!"

Zwei Jahre und acht Monate lag meine Schwester in der

Klinik und rang mit dem Tode. 36mal wurde sie operiert. Um ihrer beiden Kinder willen wollte sie leben, aber manchmal wollte sie auch nur noch sterben, wenn die Qual der Schmerzen nicht mehr auszuhalten war. Ihr Schreien schmerzte mir in den Ohren, wenn die Wunden verbunden werden mußten und die Verbände am Eiter und an der Haut festgeklebt waren. Ich hätte nie gedacht, daß ein Mensch solche Qualen überhaupt aushalten kann. Als sie dann nach fast drei Jahren aus der Klinik entlassen werden konnte, dauerte es noch über zwei Jahre, bis die Wunden einigermaßen verheilt waren. Heute sitzt meine Schwester im Rollstuhl.

In dieser Zeit schrecklicher Leiden fand meine Schwester Halt und Zuspruch im Buch Hiob. Sie hat es mehrmals gelesen, und es wurde ihr mit der Offenbarung des Johannes zum liebsten Buch. Aus der Anfechtung Hiobs gewann sie Kraft, ihre eigene Not anzunehmen. Im Schreien Hiobs gab sie ihrer Verzweiflung Worte, und ihr Rufen drang an Gottes Ohren.

Ich hatte mich schon einmal in der Oberstufe des Gymnasiums mit dem Buch Hiob befaßt, aber damals blieben mir die Kapitel vom großen Dulder des Unrechts blaß und ohne tiefere Wirkung. Aber in den Jahren der Krankheit meiner Schwester erlebte ich hautnah, welcher Trost und welch verborgene Kraft in diesen Versen zu finden sind. Ich lese sie immer wieder gern und lasse sie auf mich wirken.

Der Aufbau des Buches Hiob gliedert sich in drei Teile und könnte mit einem dreiteiligen Flügelaltar verglichen werden. Der Prolog und der Epilog bilden die Außenflügel und schildern in knappen Zügen das äußere Geschehen der Leidensgeschichte dieses Mannes und den Hintergrund, der sich im Himmel durch das Gespräch Gottes mit dem Satan abspielt. Der mittlere Teil zeigt uns das Leid, den Kampf und die Anfechtung eines rechtschaffenen Menschen, der seinen Gott beim besten Willen nicht mehr verstehen kann. Und doch hält Hiob an seinem Gott fest, ja, er ehrt ihn sogar, wie wir aus Kapitel 1,21 f. erkennen können.

Da bekennt Hiob in seiner übergroßen Trauer, nachdem er sich sein Kleid zerrissen, sein Haupt gerauft und sich auf die Erde geworfen hat: „Ich bin nackt von meiner Mutter Leibe gekommen, nackt werde ich wieder dahinfahren. Der Herr hat's gegeben, der Herr hat's genommen; der Name des Herrn sei gelobt." Und der Verfasser des Hiobbuches fügt an: „In diesem allem sündigte Hiob nicht und tat nichts Törichtes wider Gott."

Wer diese Verse betrachtet, erschaudert vor der Wucht und Gewalt des Bekenntnisses. Mit nur wenigen knappen Worten ehrt hier ein Mann seinen Gott, obwohl ihm das Wasser bis zum Halse steht. Noch nie ist mir von einem Menschen ein größeres Gotteslob zu Ohren gekommen, und das inmitten innerer Zerrissenheit. Mir bleibt da nur das Staunen über diese gewaltige Anbetung.

Ich erinnere mich, wie ein Familienvater den Tod seiner Frau und zugleich die Geburt seiner Zwillinge mit diesem Hiobwort bekanntgab.

Der Herr hat's gegeben	**Der Herr hat's genommen**
Johannes Martin Lutz	Christine Lutz
Christian Michael Lutz	geb. Jeworrek
* 19. Januar 1988	* 23. Mai 1953
	† 22. Januar 1988

Der Name des Herrn sei gelobt

Da muß wohl Gott diesem Ehepartner und jungen Vater eine Stärkung besonderer Art gegeben haben, daß er ein solches Wort über eine Traueranzeige hat setzen können.

Bei Hiob ist die Trauer nicht das letzte, sondern das Lob, das in die Verehrung Gottes mündet.

Das Hauptstück des Buches umfaßt zwei Teile und gliedert sich folgendermaßen auf:

1. Teil: Kapitel 3-27 enthält den dreimaligen Redewechsel zwischen Hiob und seinen drei Freunden.

2. Teil: Kapitel 29-31 beschreibt uns Hiobs Glück und Unglück.

In Kapitel 31 schildert Hiob besonders eindrucksvoll, wie er vor Gott gelebt hat und seinen Mitmenschen Gutes getan hat. Für die Elenden und Armen trat er ein und half ihnen. Mit dieser Selbstrechtfertigung endet Hiobs Rede.

Das Buch Hiob gibt uns einige Rätsel auf. So fragt Kierkegaard, der große Philosoph: „Hiob! Hiob! Hiob! Sagtest du wirklich nichts anderes als die schönen Worte: ‚Der Herr hat's gegeben, der Herr hat's genommen, der Name des Herrn sei gelobt?‘ Sagtest du kein Wort mehr? Warum schweigst du sieben Tage und sieben Nächte? Was ging da in deiner Seele vor?“

Natürlich weiß jeder Bibelleser, daß Hiob, dieser große Dulder, mehr gesagt hat. Seine unglaublich schwere Lebensführung wird sogar für seine drei Freunde zu einer ungeheuren Herausforderung. Leidenschaftlich entwickelt sich zwischen ihnen und Hiob ein Streitgespräch, in dessen Verlauf dann Gott selbst eingreift und sein letztes Wort spricht.

Das Rätsel entzündet sich an der Frage: Warum muß der Gerechte so viel leiden, während der Gottlose sich in seinem Glück sonnt? Die Väter des Alten Bundes waren von dieser Frage zutiefst bewegt, wie sie ja auch uns heute unter die Haut geht. Es stimmt also nicht, daß Gott seine Frommen mit reichem Segen überschüttet und die stolzen Verächter bestraft. Diese Rechnung geht einfach nicht auf. Auch der Mensch, der mit Gott lebt, steht in Gefahr, an seinen rätselhaften Führungen irre zu werden. Es gibt ein Scheitern vor Gott. Denken wir nur an Psalm 73, wo der Dichter Asaph bekennt:

„Ich wäre fast gestrauchelt mit meinen Füßen, mein Tritt wäre beinahe geglitten. Denn ich ereiferte mich über die Ruhmredigen, als ich sah, daß es den Gottlosen so wohl ging.

Denn sie sind in keiner Gefahr des Todes, sondern stehen fest wie ein Palast. Sie sind nicht im Unglück wie andere Leute und werden nicht wie andere Menschen geplagt.

Darum muß ihr Trotzen ein köstlich Ding sein, und ihr Frevel muß wohl getan heißen.

Ihre Person brüstet sich wie ein fetter Wanst; sie tun, was ihnen einfällt. Sie achten alles für nichts und reden übel davon und lästern hoch her. Was sie reden, das muß vom Himmel herab geredet sein; was sie sagen, das muß gelten auf Erden ...

Siehe, das sind die Gottlosen; die sind glückselig in der Welt und werden reich.

Soll es denn umsonst sein, daß mein Herz unsträflich lebt und ich meine Hände in Unschuld wasche?

Ich bin geplagt täglich, und meine Strafe ist alle Morgen da.

Ich dachte ihm nach, daß ich's begreifen möchte; aber es war mir zu schwer, bis daß ich ging in das Heiligtum Gottes und merkte auf ihr Ende."

Das ist die tiefste Anfechtung, das ist die Hölle für einen Menschen, wenn er in solche Nöte gerät. Der Glaubende kann so etwas nicht begreifen. Erst im Heiligtum, in der Begegnung mit Gott wird das Herz des Angefochtenen still und getrost. Wer Gottes Reden in seinem Innern vernimmt, kann dann auch den Schluß des 73. Psalms dankbar nachsprechen:

„Dennoch bleibe ich stets an dir, denn du hältst mich bei meiner rechten Hand, du leitest mich nach deinem Rat und nimmst mich endlich mit Ehren an.

Wenn ich nur dich habe, so frage ich nichts nach Himmel und Erde.

Wenn mir gleich Leib und Seele verschmachtet, so bist du doch, Gott, allezeit meines Herzens Trost und mein Teil."

Bei Hiob geschieht dieses Reden Gottes durch die Macht der Schöpfung. Gottes Größe im Gewitter macht Hiob bewußt, wie klein der Mensch ist. Auf tausend Fragen kann er nicht eine beantworten. Das Recht zum Hadern und zur

Anklage wird ihm entzogen. „Wer bist du, daß du mit Gott rechten willst?" können wir mit dem Apostel Paulus fragen. Hiob demütigt sich vor Gott und tut für sein vermessenes Verhalten Buße.

Aber ist dies wirklich des Rätsels Lösung, warum den Frommen solch unsägliches Leid treffen kann? Sicher nicht. In dieser Welt werden uns nicht alle Geheimnisse aufgedeckt. Wir müssen auch mit ungelösten Problemen leben.

Vor mir liegt eine Spruchkarte mit dem wunderbaren Wort aus Psalm 4,1: „Der Herr wird hören, wenn ich zu ihm rufe."

Diese wenigen geschriebenen Zeilen stammen von einer schwerkranken Frau, die an Krebs leidet. Ich kenne sie sehr gut, da ich in ihrem Ort Bibeltage durchführte, für die sie verantwortlich war. Wie oft haben wir uns im Gebet miteinander verbunden, um für diese Veranstaltung Gottes Segen zu erbitten. Wir wurden erhört, denn Menschen fanden in die Nähe Gottes und ließen sich retten. Und dann zeigten sich plötzlich Knoten in der Brust dieser tapferen Mitarbeiterin. Die Ärzte ließen keinen Zweifel aufkommen, daß es sich um Krebs handelte. Ich will dieses Leiden nicht bis in alle Einzelheiten beschreiben. Fast jeder kommt irgendwann damit in Berührung und weiß, wie schrecklich diese Geißel der Menschheit ist. Ich besuchte die Frau öfter und schrieb ihr immer wieder tröstende Worte. Manchmal telefonierte ich auch mit ihr und war danach selbst verzweifelt, wenn ich vernahm, wie schwer ihr Atem ging und wie die Schwäche ihre Lebenskraft zersetzt hatte.

Und nun schreibt diese Kranke:

„Liebe Frau Bormuth!

Sie haben mich mit dem Anruf an jenem Morgen so ermutigt, das können Sie sich gar nicht vorstellen. Und dann den so lieben Gruß durch die Bücher, die Sie mir schickten. Vielen Dank! Täglich darf ich erfahren: Der Herr ist gut, in dessen Dienst wir ste-

hen, obwohl auch manche Stunden dunkel sind.
Aber auch da steht uns der treue Gott zur Seite und ist
mitten bei uns. Ihnen und Ihrer lieben Familie wün-
sche ich Gottes Segen.

Es grüßt Sie herzlich Ihre dankbare M. Steck."

Vor sechs Wochen hat Gott diese Christin zu sich in die
Ewigkeit abberufen. Der Herr hat ihren letzten Ruf vernommen, denn das Heimweh nach der Herrlichkeit im
Hause des himmlischen Vaters war groß. Gott hat sie von
ihrem schweren Leiden erlöst und sie ans Ziel gebracht. Für
den Gatten und die Kinder bleibt die Frage nach den Rät-
seln Gottes offen. Ihnen gilt aber der Trost, wenn sie sich zu
ihm im Gebet wenden: „Der Herr wird hören, wenn ich zu
ihm rufe."

Ich werde jetzt das gelbe Kärtchen mit ihrem Namen
und Wohnort aus dem Adressenkästchen herausnehmen,
denn der Himmel braucht keine Ortsnamen mehr.

Die zweite Bedeutung des Hiobbuches könnte darin liegen, daß uns im Leiden der Aufrechten der tiefere Sinn der
Anfechtung erschlossen werden soll. Wer aber die Schwere
solcher Leiden auf sich wirken läßt, muß zu dem Schluß
kommen: In der Brutalität eines solchen Schicksals kann
letztlich kein Sinn mehr liegen, und wenn wirklich einer
darin läge, dann überstiege er menschliches Denken.

Seinen sämtlichen Besitz zu verlieren – und das war
nicht wenig, was uns in Kapitel 1,3 aufgeführt wird –, alle
seine Söhne und Töchter begraben zu müssen und noch
von der entsetzlichen Krankheit Lepra befallen zu werden,
übersteigt jedes Maß, was ein Mensch ertragen und verkraften kann. Hiob ist so geschunden, daß er sogar den Tag seiner Geburt verflucht. Er kann keinen Schimmer Licht in
seinem Dunkel sehen. Ein schneller Tod wäre für ihn eine
Erlösung gewesen, so aber muß er seine Tage leidend
zubringen und dazu noch das unverständige, ja törichte
Reden seiner Freunde anhören. Hiob kann sich seines

Unglücks nicht mehr erwehren und ist in seinem Schmerz dem Wahnsinn nahe.

Aber vielleicht will uns dieses Buch auch nur die dringliche Anweisung geben, wie ein Frommer ohne Murren Gott gegenüber sein Unglück zu tragen habe. Einer solchen Deutung könnte ich nur schwerlich zustimmen, weil Gott Hiob Übermenschliches zumutet. Er zerbricht ja fast darüber. Das zeigt sich auch in den Streitgesprächen mit seinen Freunden, die leidenschaftlich und heftig geführt werden. Wie ein Blutsturz drängen die anklagenden Reden aus Hiobs Brust, und der schrecklich Geschlagene fordert vor Gott sein Recht ein wie ein Unschuldiger, der vom Staatsanwalt verklagt wird.

Nein, der Sinn dieses bedeutsamen Werkes muß tiefer liegen. Hilft uns da nicht die Fragestellung: Welche Bedeutung hat die Gestalt Hiobs im Zusammenhang mit der ganzen Heiligen Schrift? Wir wissen nur wenig über die innere Verbindung des Hiobbuches zu anderen Büchern der Bibel. Es gibt nur zwei wichtige Stellen, an denen Hiobs Name erwähnt wird. In Hesekiel 14,12-14 heißt es: „Und des Herrn Wort geschah zu mir und sprach: Du Menschenkind, wenn ein Land an mir sündigt und dazu mich verschmäht, so will ich meine Hand über dasselbe ausstrecken und den Vorrat des Brots wegnehmen und will Teuerung hineinschicken, daß ich Menschen und Vieh darin ausrotte. Und wenn dann gleich die drei Männer Noah, Daniel und Hiob darin wären, so würden sie allein ihre eigene Seele erretten durch ihre Gerechtigkeit, spricht der Herr." Und im Jakobusbrief Kapitel 5,11 heißt es: „Die Geduld Hiobs habt ihr gehört, und das Ende habt ihr gesehen, das der Herr ihm bereitet hat; denn der Herr ist barmherzig und ein Erbarmer. Siehe, wir preisen selig, die erduldet haben."

Hiob wird uns hier als leuchtendes Vorbild dargestellt, wie er die auferlegte Last getragen hat.

Hiob ist nicht irgendein Mensch. Er ist der Berufene Gottes, der große Dulder. Die Lebensaufgabe, die ihm gestellt wird, ist richtungweisend für Gottes Handeln in dieser Welt. Wir lägen nicht richtig, würden wir in der Gestalt Hiobs nur ein bestimmtes Frömmigkeitsideal sehen. Hiob ist ein wichtiger Hinweis im Heilsplan Gottes. Auch Gott erzeigte Geduld und scheute keine Mühe, um die Menschen zu retten. Er opferte seinen einzigen Sohn, damit die Welt mit Gott versöhnt würde. So ist Hiob die Vorschattung auf Christus, der auch als der Gerechte unsägliche Qualen auf sich nahm und das Kreuz erduldete. Als die Zeit erfüllt war, brach mit der Geburt des Jesuskindes das Heil für uns Menschen an. Wir kennen den Lobpreis auf Jesus im Philipperbrief:

„Ein jeglicher sei gesinnt wie Jesus Christus auch war: welcher, obwohl er in göttlicher Gestalt war, hielt er es nicht wie einen Raub fest, Gott gleich zu sein, sondern entäußerte sich selbst und nahm Knechtsgestalt an, wurde den Menschen gleich; er erniedrigte sich selbst und wurde gehorsam bis zum Tode am Kreuz. Darum hat ihn auch Gott erhöht und hat ihm einen Namen gegeben, der über alle Namen ist, daß sich dem Namen Jesu beugen sollen aller derer Knie, die im Himmel und auf Erden und unter der Erde sind, und alle Zungen bekennen sollen, daß Jesus Christus der Herr sei, zur Ehre Gottes, des Vaters.“

Hiobs Leiden nehmen im Himmel ihren Anfang, als Gott sich in ein Gespräch mit Satan einließ. Der Teufel verdächtigt Hiob, daß er aus bloßem Eigennutz fromm sei, um in den Genuß des Segens Gottes zu kommen. Aber eine solche Haltung widerspräche der Ehre Gottes. Gott will um seiner selbst willen geliebt und geachtet werden und nicht um eines Vorteils willen. Die Motive der Menschen sind vom Bösen durchsetzt, dies will der Teufel beweisen, jeder will nur sein Schäfchen ins trockene bringen, denn es herrschte die Meinung vor: Wer Gott dient, kann auch auf seinen Segen bauen. Er wird Erfolg in seinem Dasein haben und vor Krankheiten und bösen Menschen verschont bleiben. Reichtum und Kindersegen stünden ihm dann ins Haus.

Um den Teufel in diesem Punkt widerlegen zu können,

läßt Gott es zu, daß Hiob von einer Katastrophe in die andere gestürzt wird. Er erlaubt dem Teufel, ihn zu plagen. Gott will vor allem klarmachen, daß er auf seinen Knecht Hiob zählen kann, denn es geht ihm allein um Gott und seine Ehre. Nicht um eines Gewinnes willen hält Hiob Gott die Treue, sondern weil Gott es wert ist, daß er von den Menschen angebetet wird.

Gibt es diesen einen Gerechten auf dieser Welt nicht, dann müßte der Gedanke aufkommen, Gottes Schöpfung sei mißraten, und er sei mit der Erschaffung des Menschen gescheitert. Wenn Hiob in dieser Herausforderung versagt, behält der Teufel recht. Und darin liegt die ungeheure Spannung und Dramatik dieses Buches. Satan hätte dann triumphieren und sagen können: Hab ich nicht doch recht gehabt? Auch ein gottesfürchtiger und frommer Mann wie Hiob hat Gott enttäuscht.

Es ist die Frage nach der Gerechtigkeit Gottes, die in diesem Werk abgehandelt wird. Dabei müssen wir uns allerdings hüten, die Frage aufzuwerfen, wie sich denn die Existenz einer widergöttlichen Macht mit der Allmacht Gottes verträgt. Auf diese Frage gibt es keine Antwort, so sehr wir auch unsere Sinne anstrengen und die Bibel befragen. Das sind letzte Geheimnisse, die dem menschlichen Geist verwehrt bleiben. Satan und Gott sind keine ebenbürtigen Partner, bei denen es unklar bleibt, wer denn den Sieg davontrage. Im ganzen Buch Hiob ist und bleibt Gott der Allerhöchste. Der Teufel darf nur mit der Zustimmung Gottes Hiobs Glück antasten und ihm Besitz und Kinder entreißen. Und erst als Satan damit nicht zu seinem Ziel gelangt, erlaubt es ihm Gott, daß er seinen Leib angreifen und ihn mit einem entsetzlichen Aussatz belegen darf.

Daraus dürfen wir nicht dem Trugschluß verfallen, Satan zu verharmlosen. Der Teufel ist eine unheimliche und böse Macht. Sein Handeln ist von Zerstörungswut und von Verdorbenheit geprägt. Er vermag die Menschen in schauerliche Versuchungen zu führen, und wenn sie ihm erliegen, dann stürzen sie in die Tiefe. Satan vermag die Einflußnahme Gottes auf den Menschen zu beeinträchtigen. Gott in seiner Hoheit und Majestät bleibt aber dabei unangetastet.

Lamparter, ein Theologe, schreibt dazu: „Um diese Teilfrage geht das Ringen, ob und inwieweit Gott sein Recht an den Menschen gegen den Satan wahrt und behauptet."

Ein Beispiel will ich dazu erzählen:

In okkulten Bindungen gefangen

Die entsetzliche Unruhe machte mich ganz nervös. Der junge Mann, mit dem ich sprach, lief ständig im Zimmer hin und her, so wie ein Löwe, den man soeben aus der Steppe in den Zoo gebracht hat und der sich nun von Gittern eingeengt sieht. Er fuchtelte mit seinen Armen in der Gegend herum. Ich bat ihn, er möge doch Platz nehmen, er aber wehrte ab. „Ich kann mich nicht hinsetzen. Das halte ich nicht aus."

Aber dann stellte ich ihm einfach einen Stuhl vor die Füße und sagte freundlich und doch bestimmt mit einer einladenden Handbewegung: „Bitte!"

Er setzte sich, und nun war es mir leichter, seine Not anzuhören. Ich will ihn hier selbst zu Wort kommen lassen.

„Ich hatte eine superprima Frau. So etwas Liebes und Schönes gibt es nicht noch einmal auf der Welt. Christiane bedeutete mein ganzes Glück. In einer Diskothek hatten wir uns beim Tanzen kennengelernt. Wir waren zwei Jahre befreundet und heirateten, als ich in einem Bauunternehmen eine Stelle bekam. Heute bin ich dort Vorarbeiter und verdiene gut. Wunderschön haben wir uns eine Wohnung in einem alten Bauernhaus hergerichtet und mit alten Möbeln stilvoll eingerichtet. Einige Möbel aus Fichtenholz habe ich sogar selbst angefertigt. Wir hatten uns ein kleines Paradies geschaffen mit Vorgärtchen und Gemüsebeeten. Meine Frau wurde schwanger, und wir träumten schon von Kinderlachen und Kinderglück.

Aber diese Idylle dauerte knapp zwei Jahre. Nur so lange hing der Himmel für uns voller Geigen. Dann traf mich ein Schlag, der mir fast den Lebensatem nahm. Ich war stolzer Besitzer eines schweren Motorrades. An einem Wochenende wollten wir die Gegend erkunden. Wir fuhren los. Das Wetter war ideal. Kein Wölkchen trübte den Himmel. Die Sonne schien. Es war schön, sich den Wind um die Ohren blasen zu lassen. Vor mir fuhr ein kleiner, blauer Golf. Er schlich nur so über die Landstraße. ‚Wieder ein Sonntagsfahrer‘, dachte ich. Ich setzte zum Überholen an und gab Gas. Auf einer Ölspur kam ich ins Schleudern, versuchte noch die schwere Maschine abzufangen, und schon war es geschehen. Sie rutschte nach links weg und schleuderte Christiane gegen einen Eichenbaum. Mit großer Wucht prallte sie an den Stamm. Meine Frau war auf der Stelle tot. Mir war fast gar nichts passiert. Nur ein paar Prellungen und Schürfwunden hatte ich mir bei dem Sturz zugezogen.

Fassungslos stand ich am Straßenrand und mußte zusehen, wie die Sanitäter eine graue Decke über Christiane legten. Zu keinem klaren Gedanken war ich fähig. Der Tod meiner Frau stürzte mich in unsägliches Leid. Von einem Augenblick zum andern war mir das Liebste genommen. Solch einen Schmerz kann man gar nicht beschreiben. Als man mich wieder nach Hause gebracht hatte, kam es mir erst recht zum Bewußtsein, wie meine Wohnung ohne meine Christiane leer, kalt und öd war. Ich hätte wahnsinnig werden können. Die Beerdigung überstand ich nur mit Hilfe unseres Hausarztes, der mir Beruhigungsmittel spritzte. Meine Trauer war nicht zu stillen. Ich sehnte mich nach meiner Frau, suchte nach ihr, meinte immer wieder, ich müßte ihre Stimme hören, aber sie war weg, einfach weg, mir von der Seite gerissen.

Bei meiner Arbeit durfte mich niemand ansprechen, und ich zog mich immer mehr zurück.

In dieser Zeit besuchten mich zwei junge Burschen aus dem Nachbarort. Sie erzählten mir, ich könne auf geheimnisvolle Weise Kontakt zu meiner Frau aufnehmen. Ich müßte mich nur dem Teufel verschreiben. Diese beiden Männer gehörten einer Satanssekte an. So etwas hatte ich noch nie zuvor gehört. Ich hatte auch wenig Ahnung von Religion. Die Folgen solchen Handelns waren mir nicht bekannt. Mir ging es nur darum, etwas von meiner Frau zu hören. So trat ich in die Satanssekte ein, um Kontakt mit Christiane aufzunehmen.

Aber alles hat seinen Preis, auch der Teufel. Durch diese Satansverschreibung bin ich in eine üble Sache geschlittert. Wenn ich dies doch bloß vorher gewußt hätte, ich wäre nicht in die Fänge dieser Sekte geraten.

Eigentlich ist es mir vom obersten Chef untersagt worden, auf eine christliche Tagung zu fahren. Das widerspricht den Regeln dieser Sekte. Aber mich treibt die Angst um, ich könnte etwas Schreckliches anrichten. Ich bin nun zum zweiten Mal verheiratet, und wir haben zwei Töchter, fünf und zwei Jahre alt.

Ich bin sehr unruhig. Oft kann ich nicht einschlafen und wälze mich in meinem Bett hin und her. Ich leide unter Qualen und höllischen Ängsten. Meine Frau steht zu mir, und sie hat mir geraten, doch mal in dieses christliche Freizeitheim zu fahren. Noch hat sie Hoffnung für mich, aber ich nicht mehr.

Ich möchte wohl von allen okkulten Bindungen frei werden, möchte so ruhig leben wie vor der Satansverschreibung, aber es geht nicht. Ich will raus aus dem Teufelskreis, schaffe es aber nicht mehr. Nächtelang muß ich mir Horrorfilme ansehen, von denen Sie überhaupt keine Ahnung haben. Nach solch entsetzlichen Stunden muß ich Tiere quälen; so befiehlt es das Oberhaupt der Sekte. In meinem Keller habe ich eine richtige Folterwerkstatt eingerichtet.

Frau Bormuth, Sie können sich das alles gar nicht vorstellen. Ich bin tief in okkulte Praktiken verstrickt. Mich packt das Grausen, ich könnte auch mal meiner Frau und den Kindern etwas Bestialisches antun. Man ist durch diese gewalttätigen Filme wie in einem Rausch. Ich weiß dann nicht mehr, was ich tue.

Ich will raus, raus, raus will ich, und kann es doch nicht. Es ist zu spät. Der Teufel hält mich fest in seinem Bann, ich habe in dieser Sekte alles auf eine Karte gesetzt und habe verloren. Mir bleibt nur Härte, Grausamkeit, Brutalität, Ironie des Schicksals. Ich bin in einem schrecklichen Gefängnis gefangen, lebend bin ich schon tot. Es ist die Hölle. Ja, es ist wirklich die Hölle."

„Und wenn ich mit Ihnen beten würde", greife ich in das Gespräch ein, „und Sie würden sich von allen dämonischen Bindungen lossagen?"

„Beten?" schrie der junge Mann vor Qual auf, „beten möchte ich schon, aber ich kann nicht. Ich will beten, aber wenn ich den Namen Jesus aussprechen will, ist es mir, als drücke mir jemand mit einem kraftvollen Würgegriff die Luft ab. So stehen die Aktien. Ich bin am Ende und laufe immer gegen eine Mauer, wenn ich mich aus diesem Gefängnis befreien will. Ich kann nicht mehr! So einfach ist das."

„Dann erlauben Sie mir bitte, daß ich noch ein Gebet spreche, ehe wir unser Gespräch beenden."

„Wenn Sie es wünschen, bitte, aber ich kann nicht beten."

Ich bete und rufe den Namen Gottes an. Er hat seinen Sohn in diese Welt geschickt, damit er die Werke des Teufels zerstöre. Darauf setze ich mein Vertrauen.

Es tut mir weh, daß ich mich von dem jungen Mann verabschieden muß, ohne daß er den Schritt in die Nachfolge Christi gewagt hat. Ich könnte heulen vor Schmerz, wenn ich sehe, wie Satan ein junges Leben zerstört und es in den Abgrund stößt. Mir bleibt nur die Hoffnung, daß Jesus seine Macht, seine Kraft und seine Autorität einsetzt und diesen jungen Mann aus allen satanischen Verkettungen befreit. Jesus ist Sieger!

* * *

Gott will den Menschen Freiheit geben. Er darf selbst zwischen Gehorsam und Ungehorsam, zwischen Liebe und Haß, zwischen Ehre und Verachtung entscheiden, weil nur so Gott geehrt wird, wenn der Mensch aus freien Stücken heraus sich ihm zuwendet und ihm allein gehören will.

Wie kann es bei einem solchen Tatbestand überhaupt gelingen, den Menschen für Gott zu gewinnen und ihn darin auch zu erhalten? Hiob war der eine Gerechte, der trotz aller Versuchungen auf der Seite Gottes blieb, und in diesem seinem Handeln wird er zu einem Fingerzeig auf Jesus Christus, der als der Gerechte für die Sünder litt, damit die Menschen durch diese grenzenlose Liebe sich zu Gott ziehen lassen. Hier leuchtet bei Hiob schon das Evangelium auf. Es ist die Frohe Botschaft, die in die wunderbare Aussage einmündet: „Ich weiß, daß mein Erlöser lebt!"

Paulus greift diesen Ton auf und stimmt uns im Römerbrief auf diesen einzigartigen Lobgesang ein:

„Was wollen wir nun hierzu sagen? Ist Gott für uns, wer mag wider uns sein?

Welcher auch seines eigenen Sohnes nicht verschont hat, sondern hat ihn für uns alle dahingegeben; wie sollte er uns mit ihm nicht alles schenken?

Wer will die Auserwählten Gottes beschuldigen? Gott ist hier, der da gerecht macht.

Wer will verdammen? Christus ist hier, der gestorben ist, ja vielmehr, der auch auferweckt ist, welcher sitzt zur Rechten Gottes und vertritt uns.

Wer will uns scheiden von der Liebe Gottes? Trübsal oder Angst oder Verfolgung oder Hunger oder Blöße oder Fährlichkeit oder Schwert?

Wie geschrieben steht: Um deinetwillen werden wir getötet den ganzen Tag; wir sind geachtet wie Schlachtschafe.

Aber in dem allen überwinden wir weit um deswillen, der uns geliebt hat.

Denn ich bin gewiß, daß weder Tod noch Leben, weder Engel noch Fürstentümer noch Gewalten, weder Gegenwärtiges noch Zukünftiges, weder Hohes noch Tiefes noch keine andere Kreatur mag uns scheiden von der Liebe Gottes, die in Christo Jesus ist."

Hiobsbotschaften
im wahrsten Sinne des Wortes

Hiob 1

Drei Szenen begegnen uns in diesem ersten Kapitel. Knapp und präzise zeigt es uns das Glück und Unglück des Hiob auf. Zwei dieser Szenen ereignen sich auf Erden, und eine hat ihren Handlungsablauf im Himmel.

Die Verse 1-5 schildern uns die Frömmigkeit, Lauterkeit und das Wohlergehen dieses Mannes.

Die Verse 6-12 gehen auf die Abmachung, die Gott mit Satan trifft, ein und sind der Grund für den Leidensweg Hiobs.

Die Verse 13-22 berichten, wie Hiob die Katastrophen-nachrichten, die ihn gleich dreimal mit ungeheurer Wucht treffen, aufnimmt.

Zu Recht fragen wir uns: Ist es möglich, daß das Leid in einer solchen Anhäufung auf einen Menschen einstürmen kann?

Aber zunächst wenden wir uns den glücklichen Tagen dieses Mannes zu. Mit nur wenigen Sätzen werden sie uns vor Augen geführt: „Da war ein Mann im Lande Uz mit Namen Hiob. Derselbe war fromm und rechtschaffen, gottesfürchtig und mied das Böse." Diese Charakterisierung findet einige Verse weiter ihre Bestätigung von Gott selbst, der den Teufel fragt: „Hast du nicht achtgehabt auf meinen Knecht Hiob? Denn es ist seinesgleichen nicht im Lande, fromm und rechtschaffen, gottesfürchtig und meidet das Böse."

Die Frömmigkeit von Hiob zieht sich wie ein roter Faden durch das ganze Buch. Hiob ist Gott hingegeben, zugleich aber von vielen Anfechtungen heimgesucht. Beides ist ihm vertraut: wunderbare Gotteserfahrungen und zugleich schwerste Versuchungen. Er hält an Gott fest, so sehr ihn auch die Plagen treffen. Nur manchmal scheint sich der rote Faden zu verknoten, und Hiob ist der Blick zu Gott verdunkelt. Er sieht keinen Ausweg aus seinem Dilemma. Er lebt im Land Uz fromm, gottesfürchtig und ohne Tadel. Sein Denken ist nicht von diplomatischen Schachzügen geprägt, sondern es ist durch und durch aufrichtig und lauter. Zweifelhafte Hintergedanken sind ihm fremd, und Querelen verabscheut er.

So gilt er mit seinem makellosen Lebenswandel als leuchtendes Vorbild.

Wer so vermögend und dazu noch von allen Menschen geachtet und geehrt wird, muß nach alttestamentarischer Sicht unter einem einzigartigen Segen Gottes stehen. Seine sieben Söhne und drei Töchter werden gleich zu Anfang des Kapitels als ein Gottesgeschenk erwähnt. Kinderreichtum galt als wunderbarer Segen des Höchsten im Gegensatz zu heute. Wer heute mehr als zwei, drei Kinder zeugt, wird zu den Assozialen gerechnet. In der Bibel heißt es aber: „Kinder sind eine Gabe des Herrn, und Leibesfrucht ist ein Geschenk. Wie die Pfeile in der Hand eines Starken, also geraten die jungen Knaben. Wohl dem, der seinen Köcher derselben voll hat."

Als wir unser fünftes Kind erwarteten, mußte ich mir oft anhören: Wie konnte das nur geschehen? Haben Sie denn nicht aufgepaßt? Wie wollen Sie nur den Berg von Arbeit bewältigen? Und dergleichen Sätze mehr sollten mich verletzen. Dabei hätte ich Ermutigung und Hoffnung gebraucht. Erst als ich mich klar zu diesem Kind bekannte und sagte: Wir freuen uns auf das fünfte Baby, auch wenn es ein Überraschungsgeschenk ist, verstummten die Nörgeleien. Auch wenn dieses Kind nicht geplant war, denn ich war keine junge Mutter mehr, hat Gott uns gerade mit unserem Daniel sehr viel Freude bereitet. Es gibt im Grunde für eine Mutter kein größeres Glück, als ein gesundes Kind in den Armen halten zu können. Ich kenne eine Familie, die schrieb über jede Geburtsanzeige: Unser diesjähriges Kind heißt Matthias. Unser diesjähriges Kind heißt Christiane. Unser diesjähriges Kind heißt Markus. Und noch beim sechsten Kind spürte man den Eltern die Freude ab.

Kinderreichtum zählte im Alten Testament noch vor Besitz. Nachdem die sieben Söhne und drei Töchter genannt sind, folgt die Aufzählung des Viehs. Hören wir nur gut hin, man kommt nämlich ins Staunen über soviel Reichtum. Immens große Zahlen werden uns hier genannt: siebentausend Schafe, dreitausend Kamele, fünfhundert Joch Rinder, also tausend Rinder, denn man spannte immer zwei Rinder unter ein Joch zusammen, und noch fünfhundert Eselinnen. Hiob ist wahrlich ein reicher Mann. Hinzu kommen noch Hirten, Knechte und Mägde. Bei solch reichem Gut und bei der Menge der Bediensteten ist es geradezu die Folge, daß Hiob ein fürstliches Ansehen im Umfeld genießt.

Mein Vater besaß früher vor unserer Flucht nur ein kleines Gut mit ungefähr dreihundert Morgen Land. Dazu kamen Pferde, Ochsen, Kühe, Schweine, Gänse, Enten und Hühner. Wenn mein Vater in seinem Zweispänner über die Felder fuhr, um seine Knechte und Mägde bei der Arbeit anzuleiten, grüßten die Menschen freundlich und zogen ihre Mützen. Im Gegensatz zu Hiob war mein Vater nur ein kleiner Gutsbesitzer. Ich bringe dieses Beispiel, um uns zu vergegenwärtigen, wie angesehen Hiob mit seinen riesigen Herden gewesen sein mußte. Vielen Menschen gab er Arbeit und Brot. Er muß wohl auch sehr gut für seine Leute gesorgt haben, denn er wurde regelrecht verehrt.

Dieser Reichtum zeigt sich auch bei Hiobs Söhnen, die nicht beim Vater wohnen, sondern selbst wie Fürsten leben. Dort treffen sie sich und feiern Feste. Dazu luden sie auch ihre Schwestern ein, die noch unter dem Dach des Vaters leben. Eine Idylle von Glück, Reichtum und Familiensinn wird uns in einigen wenigen Versen vorgestellt. Eng hält die Familie zusammen und genießt das Dasein in fröhlicher Gemeinschaft.

Hiob ist auch ein verantwortungsbewußtes Oberhaupt der Familie. Ihn macht sein Glück nicht erhaben oder unnahbar oder sogar selbstzufrieden. Nein, er sorgt sich auch um das Heil seiner Kinder. Er will zwar, daß es seinen Kindern gut geht, aber ihm liegt noch mehr daran, daß seine Söhne in der Ehrfurcht vor Gott stehen. Mit fast übertriebener Ängstlichkeit bewegt ihn die Sorge, ob denn auch seine Kinder bei ihren Festen nicht sündigen. Trotz seines riesigen Besitztums verliert Hiob sein wichtiges Gut, seine Söhne und Töchter, nicht aus den Augen. Er kümmert sich geradezu in priesterlicher Haltung um ihr Seelenheil. Ich kenne ähnliche Ängste. Es ist nie eine Selbstverständlichkeit, daß Kinder gläubiger Eltern auch den Weg in die Nachfolge Christi antreten, sondern immer ein Wunder. Auch wenn sie Jesus lieb gewinnen, können sie trotzdem in Krisen geraten. Einem unserer Söhne erging es so. Wochen und Monate dauerte seine Krise an. Wir hatten miteinander über seine Zweifel und Nöte gesprochen, aber es gelang uns nicht, sie auszuräumen. Diese Erfahrung hat bei mir zu der Erkenntnis geführt, daß Glaube immer angefochtener Glaube ist. Die Bedrohung des geistlichen Lebens macht uns sehr zu schaffen. Es gibt keinen ruhenden, festen Glauben. Wie oft muß ich beten: „Herr, ich glaube, hilf meinem Unglauben!" Diese Spannung gilt es auszuhalten. Aber welche Mutter oder welcher Vater bringt es fertig, voll Vertrauen auf Jesus zu blicken, wenn Kinder Zeiten der Angst und Versuchung durchleiden?

Wir hatten ein Familienfest geplant. Alle Kinder, Schwiegerkinder und Enkelkinder waren gekommen. Morgens besuchten wir gemeinsam den Gottesdienst. Ich saß neben unserem Sohn und beobachtete ihn, ob er wohl die Lieder mitsingt oder das Vaterunser mitbetet. Dieses zwanghafte Verhalten brachte mich in Not. Steht mein Junge noch im Glauben? überlegte ich ständig.

Plötzlich wurde mir während der Predigt bewußt, wie gefährlich ein solches Verhalten ist. Meine Angst bewirkt nämlich keine fröhliche, glückliche Atmosphäre in der

Familie. Sie überträgt sich auf meine Kinder, und ich erreiche mit meinem kritischen Beobachten doch nichts. Ich säe Mißtrauen, und diese Saat wird aufgehen und böse Frucht tragen. Ich darf mich nicht zum Richter über meine Kinder machen. Sie sind erwachsen und müssen sich selbst vor Gott verantworten. Fröhlich soll ich sein, voller Zuversicht und von der Gewißheit her leben: Gott bringt sein Werk, das er an meinen Kindern begonnen hat, auch zum Ziel. Mit dieser Haltung gewinne ich eine Ausstrahlung, die anziehend ist, und bahne meinen Kindern den Weg zu Christus.

Glücklich war ich, als ich während eines Vortrags von Professor Dieterich folgendes hörte: Es gibt eine Studie, die besagt, daß Kinder, die aus einem frommen Elternhaus stammen und dort zum Glauben gefunden haben, nach schweren Krisen und Erschütterungen später doch wieder zu Gott zurückfinden. Aber dazu braucht's einen langen Atem, viel Geduld und noch mehr Gebet. Ich darf deshalb von der Hoffnung her leben: Mein Gott wird seine Hände über meine Kinder breiten. Er wird mich in meinem Beten nicht enttäuschen.

Auch Hiob bangt um seine Kinder. Das zeigt dieser Bibelabschnitt.

Wenn auch keine Sünden zutage treten, so beschleicht doch den Vater die Angst, daß bei den Festen Ausgelassenheit und frivoles Verhalten einen Riß in die Gottesbeziehung seiner Kinder bringen könnten. Früh am Morgen machte sich Hiob auf, sehr früh sogar, um Gott für seine Söhne ein Opfer zu bringen. Das ist verantwortungsbewußtes, priesterliches Verhalten: Ein Vater ist um das Heil seiner Kinder besorgt und ringt um ihre Gottesbeziehung. Wie zart und doch stark ist Hiobs Frömmigkeit. Er schließt seine große Familie in sein Gebet und Opfer mit ein. Das sind wahre Väter, die das Gebot Gottes ernst nehmen und für ihre Kinder in den Riß treten.

Wie heißt es in 5. Mose 6,4-9: „Höre, Israel, der Herr, unser Gott, ist ein einiger Herr. Und du sollst den Herrn, deinen Gott, lieben von ganzem Herzen, von ganzer Seele und mit all deiner Kraft.

Und diese Worte, die ich dir heute gebiete, sollst du zu Herzen nehmen und sollst sie deinen Kindern einschärfen und davon reden, wenn du in deinem Haus sitzt oder unterwegs bist, wenn du dich niederlegst oder aufstehst, und sollst sie binden zum Zeichen auf deine Hand, und sollen dir ein Merkzeichen zwischen deinen Augen sein, und sollst sie über deines Hauses Pfosten schreiben und an die Tore."

Das Wort Gottes sollte in unseren Häusern seinen festen Platz haben. Schon früh sollten unsere Kinder mit der Bibel vertraut und in ihren Reichtum eingeführt werden. Die biblischen Geschichten und das Beten gehören in jedes Kinderzimmer.

Unsere Kinder brauchen das Gebet, sie brauchen das biblische Wort. Aber bei allem Einsatz, den wir in der Familie bringen, gilt es zu sehen, daß wir sie nicht bekehren können. Das Ereignis der Wiedergeburt ist allein Gott vorbehalten. Wir wissen fast alle, wie schwer das Ringen um ein einziges Kind oft ist, bis es auf den Weg des Glaubens kommt. Und wenn sie schon in der Nachfolge Jesu stehen, dann braucht's noch große Anstrengungen, sie auf diesem Weg zu erhalten.

Ich war einmal sehr niedergeschlagen, als mir eins meiner Kinder erzählte: „Mutter, so eng wie du in deinem Christsein lebst, möchte ich nicht leben." Hinter diesem kurzen Satz verbarg sich eine Glaubenskrise meines Sohnes. Dieser Satz dröhnte mir in den Ohren, und dieses Wort „nicht so eng, nicht so eng" begleitete mich viele Stunden des Tages. Mein Sohn schien mir gefährdet zu sein. Ich habe so viel Ermutigendes gerade mit diesem Jungen erlebt, habe gesehen, wie er sich um christusferne Menschen mühte, um ihnen Gott zugänglich zu machen. Er arbeitete in einer Teestube engagiert mit. Und nun diese Krise!

Am Sonntag saß ich im Gottesdienst und war froh, daß ich ganz am Rand noch einen Platz gefunden hatte. So konnten die anderen Kirchenbesucher meine Tränen nicht sehen, die mir über die Wangen flossen. Bei keinem Lied konnte ich mitsingen, so traurig war ich. In dieser gottesdienstlichen Stunde begriff ich etwas von Hiobs Angst, seine Kinder könnten gesündigt und Gott abgeschworen haben in ihren Herzen. Ich suchte Zuflucht im Gebet und rief Gott oft an, er möchte doch meinem Sohn ganz neu begegnen. An einem Morgen las ich das neunte Kapitel des ersten Mosebuches: „Und Gott segnete Noah und seine Söhne."

Dieses Wort wälzte den Stein der Angst von meiner Seele, der mir fast allen Lebensmut nehmen wollte. Ich begriff: Wenn Gott Noah und seine Söhne gesegnet hat, dann hat er auch die Kraft, mich mit meinen Söhnen zu segnen. Die Bedrückung war durch diese Verheißung von mir genommen. Ein starkes Vertrauen in Gottes Macht war an ihre Stelle getreten und erfüllte mein Innerstes mit Zuversicht und Freude. Mir war wieder ein Lachen geschenkt.

Ich liebe das Buch Hiob aus vielen Gründen, aber vor allem deshalb, weil es uns einen Vater vorstellt, der seiner Familie priesterlich dient. Er tritt für seine Söhne ein und bringt Opfer für Gott. Er weiß sich für die Heiligkeit seiner Familie mitverantwortlich. Mit dieser Aussage inniger Frömmigkeit endet die Handlung hier auf dieser Erde, und der Schauplatz in diesem ersten Kapitel wird in den Himmel verlegt.

Das Unheil für Hiob hat im Himmel seinen Ausgangspunkt. Das besonders Schwere daran ist, daß es Hiob verborgen bleibt, wie stark Gottes Vertrauen zu ihm ist. Gott ist der eigentlich Handelnde, und er behält die Übersicht. Letztlich wird er den Sieg davontragen, auch wenn im Augenblick alles dagegen spricht. Der Teufel kann nur im Einverständnis mit Gott Hiob in Versuchung führen. Ihm sind Grenzen gesetzt.

Weiser schreibt dazu in seinem Kommentar: „Das ist es, was dem Hiobproblem erst die theologische Tiefe und dem Glaubensringen des Helden die qualvolle, verwirrende Schärfe verleiht; denn dadurch ist der bequemere Weg einer

31

rationalen Auflösung des heillos verschlungenen Knotens in einer dualistischen Auffassung vom Kampf zwischen den Mächten des Guten und Bösen ein für allemal verbaut."

Die Boten im Himmel versammeln sich um Gott, und das Verhängnisvolle ist, daß Satan sich unter sie geschlichen hat. Auf Erden hat er alle Lande durchstreift, um Schuld zu entdecken und sie dann an Gott weiterzumelden. Er hält an allem fest, was Menschen an Bösem begangen haben, und bei gegebenem Anlaß verklagt er sie vor Gott. Gott fragt den Teufel: „Hast du auch achtgehabt auf meinen Knecht Hiob?" Gott setzt sein Vertrauen auf Hiob und weiß, sein treuer Mann Hiob wird dieses Vertrauen rechtfertigen. Er wird Gott nicht enttäuschen. Dies ist der wichtige Punkt, an dem sich alles entscheidet. Hält Hiob an Gott fest, auch wenn er vom Satan in Versuchung geführt wird? Gibt er Gott auch weiterhin die Ehre? Darin liegt das Geheimnis unserer Geschichte verborgen. Es geht um die Ehre Gottes, die der Teufel mit seinen Zweifeln an Hiobs Frömmigkeit in Frage stellt. Damit beginnt der Leidensweg des unbescholtenen, gottesfürchtigen Mannes. Es ist ein Leiden frei von Schuld, in das Hiob da hineingezogen wird und in dessen Verlauf letztlich nicht Hiob im Mittelpunkt steht, sondern Gott der Herr selbst. Um Gott als dem Höchsten drehen sich die Gedanken und kreisen die Gespräche. Mit der Frage: Ist nun Hiob umsonst gottesfürchtig? wird nicht nur die Frömmigkeit von Hiob in Zweifel gezogen, sondern Gott selbst wird in Frage gestellt. Denn würde Hiobs Frömmigkeit mit Segen entlohnt, dann bliebe es ungewiß, ob er Gott um seiner selbst willen liebt und die Treue hält. „Wenn Hiob Gott nur wegen seiner Segensgaben lieben würde, die er durch Kinderreichtum und materielle Güter empfangen hat, dann würde Gott zum Garant des Glücks herabgewürdigt und seiner Würde entthront", schreibt Weiser in seinem Kommentar. Gott wäre dann nicht mehr der Herr der Lage, sondern nur Mittel zum Zweck. Die Frömmigkeit eines Menschen käme einem geschäftlichen Gebaren gleich.

Das lateinische Sprichwort hätte recht, das sagt: „Do, ut des." (Ich gebe, damit du gibst.)

Gott aber will um seiner selbst willen geliebt, geehrt und angebetet werden. Solange der Mensch von Gottes Segen wie von einem Schutzzaun umgeben ist, fällt es nicht schwer, fromm zu sein. Die Echtheit des Vertrauens zu Gott erweist sich erst in der Anfechtung. Das lehrt uns das Hiobbuch. Das Motiv eines Christen muß wahrhaftig und lauter sein. Es kann sich erst als bewährt erweisen, wenn die stützenden Pfeiler gefallen sind und dem Menschen nichts bleibt, an dem er sich festhalten könnte. Das ist wahre Frömmigkeit, die auf Gott allein setzt.

Gott räumt dem Satan ein, Hiob zu versuchen und ihn mit schrecklichen Katastrophen zu treffen. Aber indem Gott dies zuläßt, erlangt das Leiden Hiobs Sinn und Ziel.

Hiob leidet um Gottes willen, denn Gott selbst setzt in diesem Handel mit Satan seine Ehre aufs Spiel. Nur Hiob kann sie retten, wenn er auch der gottesfürchtige, treue Knecht bleibt. Sein Vertrauen ist allein auf Gott gegründet. Gottes Ehre und Hiobs Frömmigkeit müssen zusammen gesehen werden. Sie stehen im Mittelpunkt der Handlung. Das Bedrohliche liegt darin, daß Hiob nichts weiß von der Absprache, die Gott mit Satan getroffen hat. Wird Hiob weiter an Gott festhalten, auch dann noch, wenn ihm alle äußeren Stützen genommen sind? Behält der Satan recht mit seinen Zweifeln, daß eben Hiob doch nicht uneigennützig Gott dient? Dieses Problem macht den Gang durch die weiteren Kapitel des Hiobbuches ungemein spannend.

Alle Güter und alle Kinder sind dem Teufel in die Hände gegeben, nur Hiob selbst muß unangetastet bleiben. Wie wird Hiob diese ungeheuren Glaubensproben durchstehen?

Die Verse 13-22 berichten über den Verlust seines ganzen Herdenbesitzes und seiner Kinder. Das letzte trifft ihn natürlich ungleich schwer.

Aber noch sind alle Söhne und Töchter bei einem frohen Gastmahl vereinigt. Sie lachen, scherzen, trinken und tanzen im Hause ihres ältesten Bruders. Plötzlich aber wird die ausgelassene Stimmung mit einem Schlag ins Gegenteil verkehrt. Ein Bote kommt zu Hiob und berichtet: „Mitten bei der Arbeit, als die Rinder die Felder pflügten und die Eselinnen auf der Weide waren, fielen wilde Horden aus Saba über die Knechte her und töteten sie mit der Schärfe des Schwertes. Nur ich konnte dem Unglück entfliehen und bin hergeeilt, um dir diese schreckliche Nachricht zu überbringen."

Und dieser Knecht hat noch nicht seinen letzten Satz fertig ausgesprochen, da stürmt schon wieder ein Knecht herein und überbringt die Hiobsbotschaft im wahrsten Sinne des Wortes: „Die Chaldäer haben mit drei Rotten die Kamele überfallen, raubten sie und erschlugen die Hirten auf dem Felde."

Und als ob dies des Unglücks noch nicht genug sei, hört man schon wieder schnelle Schritte, und ein Melder keucht: „Deine Söhne und Töchter waren zu einem Fest beim Ältesten zusammen, und plötzlich erhob sich ein entsetzlicher Sturm. Windboen rüttelten an dem Haus, und schließlich fegten sie die Mauern wie eine Streichholzschachtel hinweg, so daß deine Kinder unter den Trümmern begraben wurden. Nur noch tot konnten deine Söhne und Töchter geborgen werden. Ich bin bei diesem Unglück allein mit heiler Haut davongekommen und bin hierher geeilt, um dir diese Schreckensnachricht anzusagen."

Hiob trifft ein ungeheurer Schlag. Mit voller Wucht stürzt das Unheil über ihn herein. Wie soll er das verstehen, was er soeben gehört hat? War nicht vor wenigen Augenblicken noch alles friedlich und voller Harmonie, und nun dieses Elend? Eben noch weideten seine Kamele zufrieden auf den Weiden. Die Knechte bestellten mit den Rindern die Felder und zogen Furche um Furche im fruchtbaren Boden. Die Söhne und Töchter waren in großer Freude einträchtig bei einem Fest zusammen. Nun aber sind Raub, Zerstörung, Tod über den alten Vater hereingebrochen. Wie soll ein Mensch solche Schicksalsschläge verkraften? Vom Gipfel des Familienglücks und des Wohlstandes wird er in den Abgrund des Todes und der Armut gestürzt. Böse Banden und Naturkatastrophen haben dieses Unheil verursacht. Mit einem Schlag verliert Hiob alles, was bisher zu seiner inneren Zufriedenheit und zu seinem Glück beigetragen hat.

Weiser schreibt in seinem Kommentar zu diesem ersten Kapitel: „Die Unheilsbotschaften haben sich in solch atemberaubender Folge überstürzt, daß Hiob erst, als sie zu Ende sind, sich erhebt, vom Schmerz überwältigt, dem er in stummen Gebärden Ausdruck gibt." Er zerreißt seine Kleider und rauft sich sein Kopfhaar und wirft sich auf die Erde nieder. Mit kargen, knappen Sätzen wird uns der Schmerz geschildert. Und wir sollten an der Stelle erst einmal innehalten und dieses schreckliche Leiden an unserer eigenen Seele verspüren.

Der Teufel hatte sicher erwartet, daß Hiob bei all diesen greulichen Unglücksmeldungen aufbegehrt, Gott abschwört in seinem Herzen, ihm flucht. Aber von all diesen Dingen wird uns nichts berichtet. Geradezu das Gegenteil ist der Fall. Hiob beugt sich demütig und betet seinen Gott an. Nicht ein Wort des Fluches kommt über seine Lippen, wie der Teufel es vermutet hat. Menschlich gesehen wäre dies durchaus denkbar und begreiflich gewesen, aber Hiob erhebt Gott, indem er stammelt: „Der Name des Herrn sei gelobt!"

Nackt wird der Mensch geboren, nackt muß er die Erde verlassen. Ohnmacht kommt darin zum Ausdruck. Hilflos ist der Mensch seinem Schicksal ausgeliefert. Nichts bleibt ihm. Er kommt nackt und geht nackt, nur das Grauen umgibt ihn, und der Schmerz reißt ihm fast das Herz aus dem Leibe.

Betend erhebt Hiob seine Hände zum Allmächtigen. Wir spüren, wie hier Hiobs Glaube ums Überleben kämpft. Solange er sich in seinem Elend an Gott wendet, wird er von ihm gehalten. Nein, er wird nicht zuschanden werden. Das ist Größe des Glaubens, das ist Hoffnung!

Es wird wohl kaum einen Menschen geben, dessen Biographie mit der Hiobs vergleichbar wäre. Und doch gibt es Führungen, die an die Hiobs erinnern. Ich will ein Lebensbild des jüdischen Arztes Kornfeld schildern, von dem ich fasziniert bin. Schon Kornfelds Eltern litten unter dem russischen Zar, nach dessen Willen ein Drittel der Juden ausgerottet wird, ein Drittel ins Gefängnis wandert und ein Drittel nach Israel ausgewiesen werden sollte. Kornfeld selbst wurde, nur weil er Jude war, in ein Zwangslager interniert. Mitten in der Verfolgung begegnet ihm Gott, und er wird Christ. In der Verbannung trifft er auf einen Mann, der ihn tief beeindruckt. Dieser Mitgefangene ist Christ und folgt Jesus in großer Treue nach. Sein Leben ist mit seinem Glauben eins.

Dieser Mann erzählt dem jüdischen Arzt die Geschichten von Jesus, so wie sie im Neuen Testament berichtet werden. Er betet laut vor allen das Vaterunser und schämt sich seiner christlichen Überzeugung nicht, obwohl er mit Nachteilen rechnen muß. Zunächst weiß Kornfeld mit dem Glauben an Gott nichts anzufangen. Aber dann gerät er in eine Situation, die zu einer Herausforderung für ihn wird. Kornfeld muß als Arzt die kranken Häftlinge betreuen. Eines Tages wird ihm eiligst auch ein Wärter gebracht, dem bei einer Schlägerei eine Arterie durchtrennt wurde. Dieser Wärter gilt als besonders brutal und grausam. Jeder Gefangene fürchtet ihn. Während der Wärter auf dem Operationstisch liegt und Kornfeld die beiden durchtrennten Ende zusammennähen soll, wird er in einen schrecklichen Konflikt gestellt. Haß kommt ihn ihm auf, und all die Situationen stehen vor seinem inneren Auge, wo dieser Wärter mit unerbittlicher Strenge und Grausamkeit die Häftlinge gequält und mißhandelt hat. Jetzt wäre der Augenblick der Rache für ihn gekommen. Kornfeld spürt, wie der Haß in ihm aufsteigt. Wut packt ihn. Er könnte den Wärter nur notdürftig versorgen, so daß dieser nach ein paar Tagen an inneren Blutungen sterben müßte. Niemand in der Gefängnisleitung könnte ihm die Schuld für diesen Tod in die

Schuhe schieben. Und während ihm derartige Rachegedanken durch den Kopf gehen, spürt er plötzlich, daß der Ekel vor solch niederträchtigem Verhalten ihm die Schamröte ins Gesicht treibt. Ich bin nicht besser als dieser scheußliche Kerl, der auf dem Operationstisch liegt. Ich hasse genauso wie er und wäre fast zu einem Mörder geworden, sagte er sich selbst. Plötzlich klingen ihm die Verse des Vaterunsers in den Ohren, die sein gläubiger Mitgefangener immer gebetet hat. Klar vernimmt er in seinem Herzen die Worte: „Und vergib uns unsere Schuld, wie auch wir vergeben unsern Schuldigern!"

Da geht Kornfeld in sich und spricht leise diese Worte vor sich hin. Er bittet Gott, er möge ihm alle Haß- und Mordgedanken verzeihen und sich seiner erbarmen. Fortan will er, wie sein christlicher Freund, Gott zu Ehren leben und seinen Willen den Geboten Gottes unterstellen. Kornfeld wird Christ. Gewiß, das Schwere bleibt schwer, und das Unbegreifliche weiterhin unbegreiflich. Unschuldig sitzt er in diesem Verbannungslager, nur weil er jüdischer Abstammung ist. Aber er lernt inmitten seines Elends Gott zu loben und ihm auch zu dienen. Sein Leben verändert sich von Grund auf und wird fortan vom Wort der Bibel bestimmt. Das merken seine Mitgefangenen und auch seine Wärter. Plötzlich unterschreibt er keine Papiere mehr, wodurch den Gefangenen bescheinigt wird, sie hätten noch die körperliche Kraft, Torturen in der Folterkammer zu durchstehen. Auch wenn er weiß, daß ihm dadurch Unannehmlichkeiten erwachsen könnten, nein, er gibt seine Unterschrift für ein solch verbrecherisches Verhalten nicht mehr her. Denn nach dem Gesetz darf nur dann ein Häftling gefoltert werden, wenn man gewiß sein kann, daß er diese Drangsal überlebt.

Einmal wird er Zeuge, wie einem kranken Häftling von einem Wärter das Brot gestohlen wird. Er zeigt diesen Diebstahl an, weiß aber auch, daß ihm das übel angerechnet und heimgezahlt werden könnte, denn ein aufmuckender Gefangener hat keine Rechte. Wie man einen Floh mit dem

Daumen zerquetschen kann, so kann auch sein Leben mit einem Fingerzeig ausgelöscht werden.

Einmal sitzt er bei einem frisch Operierten, der an Krebs erkrankt ist. Kornfeld weiß nicht, ob dieser Mensch die Operation übersteht. Oft ist der Kranke auch bewußtlos, und nur ab und an schlägt er für kurze Momente die Augen auf. In seinem Herzen spürt Kornfeld die Verantwortung, ihm von Christus zu erzählen. Vielleicht ist dies die letzte Gelegenheit, daß dieser Krebskranke von Jesus hört. Er soll doch auch in den Himmel kommen. Er weiß zwar nicht, ob der Todkranke ihn überhaupt wahrnimmt, aber er erzählt ihm einfach von Jesus, wie er die Menschen liebt und für sie sein Leben am Kreuz geopfert hat. So wacht er an seinem Bett.

Am anderen Morgen geht es dem Kranken besser. Er wacht auf und fragt sofort, wo denn der Arzt sei, der ihm diese wunderbaren Geschichten von Jesus erzählt habe. Er habe vieles davon wahrnehmen und auch nachvollziehen können. Er sei von diesem Heiland und Erlöser fasziniert. Es war Solschenizyn, der da von Jesus hörte und tief beeindruckt wurde. Kornfeld selbst war in dieser Nacht von Schergen ermordet worden. Aber zuvor hat er einem so bedeutenden Mann wie Solschenizyn den Weg zu Christus gewiesen.

... Haut für Haut

Hiob 2,1-10

Dieses Kapitel beginnt so wunderbar und endet so schrecklich.

Es gibt keinen schöneren Anblick für Gott, als daß er
seine Leute um ihn versammeln sieht. Hier wiederholt sich
die Szene, wie wir sie schon vom ersten Kapitel her kennen.
Menschen drängen sich um Gott. Auch in unserer Zeit
brauchen wir nichts Dringlicheres, als uns um Gott zu scharen, seine Stimme zu hören und nach seinem Willen zu fragen. In der Gemeinde ist ein innerer Aufbruch nötig. Einer
allein auf sich gestellt geht unter im Gedränge des Alltags
mit seinen mancherlei Anfechtungen. Wir brauchen die
Menschen, mit denen wir gemeinsam das Angesicht Gottes
suchen. Luther hat einen treffenden Ausspruch gemacht:
„Darum hat Gott die Gemeinde gegeben, damit keiner
allein gegen den Teufel kämpfen muß.“

Ich bin immer wieder bewegt, wenn ich an die Tage
denke, wo ich inmitten von Brüdern und Schwestern auf
das Wort der Bibel hören durfte. Da erfahre ich Glaubens-
stärkung und Ermutigung. An einige Veranstaltungen erinnere ich mich besonders gut, z. B. an den Gemeindetag in
Stuttgart. Ein sieghaftes Motto stand über der Begegnung
mit über 45 000 Christen: Aufsehen auf Jesus! Es war ein
einzigartiger Tag, ein ungetrübter, sonniger Tag, kein einziges Wölkchen stand am Himmel. Eine große Gemeinde
war im Neckarstadion zusammen gekommen, um Gott zu
loben und anzubeten. Wir dürfen aufsehen auf Jesus. Er ist
unser Heiland, unser Erretter, und dieses Wunder ist uns
widerfahren. Zum Geschenk des irdischen Lebens gibt uns

Gott noch die Gabe der Gemeinschaft mit ihm, wir dürfen ewiges Leben empfangen.

Oder ich denke an ein Pfingstfest in Aidlingen. Dort durfte ich einmal das Wort von Gott weitersagen. Weit über siebentausend, meist junge Menschen hatten sich im Zelt, das auf einer großen Wiese stand, versammelt. Ich zitterte, als ich ans Rednerpult trat, und doch schenkte mir dann Gott während der Verkündigung eine innige Freude. Als dann der nachfolgende Redner die jungen Leute aufrief, ihr Leben Christus anzuvertrauen, folgten viele dieser Aufforderung. Die Kirchenhalle war überfüllt von Besuchern, die nur den einen Wunsch hatten, mit Jesus eine Lebensverbindung einzugehen. Der Heilige Geist wirkte klare Entscheidungen für Gott.

Aber auch die sonntäglichen Gottesdienste sind eine starke Ermutigung. Mit unserer ganzen Familie sollten wir daran teilnehmen, denn der Sonntag will uns an Jesu einzigartige Tat der Auferstehung erinnern. Wir brauchen in den vielen Belastungen diese Freude, die die Gottesdienste ausstrahlen. Dabei sollten wir von dem Gedanken bewegt werden, wie wir andere Menschen in unsere Kirchen und Gemeindesäle einladen können.

Jedes Jahr am Karfreitag findet in unserer Stadt eine Feier im größten Saal des Hörsaalgebäudes der Universität statt. Der gekreuzigte Christus ist der Inhalt der Predigt und auch der musikalischen Darbietungen. Zweimal wird die Feier veranstaltet, um die vielen Besucher einlassen zu können. Mich treibt die Frage um: Wen kann ich mitnehmen, damit das Evangelium in die Herzen der Menschen kommt. Zwei Aussiedlerfamilien kommen mir in den Sinn. Ich bin mit ihnen in Kontakt gekommen, als sie eine Wohnung suchten. Ein Ehepaar konnte ich in einer Dreizimmerwohnung bei meiner Schwiegermutter im Haus unterbringen. Ich stattete sie mit gebrauchten, aber gut erhaltenen Möbeln aus, die mir Christen zur Verfügung stellten. Geschirr und Wäsche konnte ich aus meinem Haushalt abzweigen, da wir inzwischen eine kleine Familie geworden sind. Die

Aussiedler waren mir dankbar für jedes Stück, das wir ihnen brachten. Sie freuten sich auch immer sehr, wenn ich mit ihnen ein bißchen Deutsch übte.

Als ich sie zur Karfreitagsfeier einlud, sagten sie zu. Beide Familien kamen, und ich war glücklich. Wenn sie auch nur wenig verstehen konnten, so begriffen sie doch, daß Christus für uns am Kreuz starb. Dies ist wohl die entscheidendste Aussage des Neuen Testamentes. Auf dem Nachhauseweg erklärte ich ihnen dann noch die Bedeutung der Auferstehung. Vieles war ihnen nicht neu. In der Ukraine hatten sie eine wunderbare, gläubige Babuschka gehabt. Sie hat ihnen die biblischen Geschichten erzählt und mit ihren Enkeln gebetet.

Während der Feier beschäftigte mich plötzlich der Gedanke, ob ich meine Gäste nicht mit zu uns nach Hause nehmen sollte. Sie sollten schon spüren, daß wir sie nicht für unsere Gemeinde vereinnahmen wollten sondern sie sollten auch unsere Liebe spüren. Aber ich war auf Besuch nicht eingestellt, und ich sagte mir, du kannst doch nicht die Leute einladen, ohne sie zu bewirten. Dann kam mir eine gute Idee. Auch wenn ich keinen Kuchen anzubieten hatte und der Kühlschrank fast leer war, so lagen doch noch in der Gefriertruhe Hähnchenschenkel und Bohnen. Wenn ich Nudeln oder Reis dazu koche, dann werde ich meine Gäste wohl satt bekommen.

Wie sehr haben sich die Aussiedler über meine Einladung gefreut. Zwei Stunden saßen wir zusammen und ließen uns das Mahl schmecken. Vor allen Dingen freuten sie sich über meine deutliche Aussprache. So gab ich ihnen das Gefühl, daß ihr Deutsch schon Fortschritte machte. Beim Verabschieden schenkte ich ihnen noch ein russisches Neues Testament. Mit strahlenden Augen nahmen sie es entgegen. Einer von ihnen küßte es und sagte: „Ein heiliges Buch!"

Immer wieder nahmen sie an unseren Gottesdiensten teil. Am Muttertag brachten sie mir rosa Nelken mit in den Versammlungsraum. „Frau Bormuth, Sie sind unsere Babuschka!" Für mich ist dies eine Ehrenbezeichnung. Ja, das möchte ich sein: eine Mutter, die von Christus her lebt und andere in die Gottesdienste mitnimmt, damit sie die Freude des Evangeliums erfahren.

Auch die Bibel berichtet uns von vielen Festen und Feiern. David betet im 27. Psalm:

„Eins bitte ich vom Herrn, das hätte ich gern, daß ich im Hause des Herrn bleiben möge mein Leben lang, zu schauen die schönen Gottesdienste des Herrn und seinen Tempel zu betrachten. Denn er deckt mich in seiner Hütte zur bösen Zeit, er verbirgt mich heimlich in seinem Gezelt und erhöht mich auf einem Felsen, und wird nun erhöhen mein Haupt über meine Feinde, die um mich sind. So will ich in der Hütte Lob opfern, ich will singen und Lob sagen dem Herrn."

Uns Menschen zuliebe hat Gott geboten, den Feiertag zu heiligen. Wir brauchen dieses Ruhen in Gott, das Auftanken in seinem Wort, das Lob inmitten der Gemeinde, denn unsere Seele soll leben.

Wie heißt es in Psalm 30:

„Du hast mir meine Klage verwandelt in einen Reigen; du hast mir meinen Sack ausgezogen und mich mit Freude gegürtet, daß dir lobsinge meine Ehre und nicht stille werde. Herr, mein Gott, ich will dir danken in Ewigkeit!"

In der Begegnung mit meinem Herrn wird mein Jammern in Freude verwandelt. Der Sack als Zeichen der Betrübnis wird mir ausgezogen, und ich darf in Feierkleidern meinen Herrn schauen.

Der Psalmist betet im 119. Psalm: „Laß meine Seele leben, daß sie dich lobe, und deine Rechte mir helfen."

Welch ein Geschenk wird mir zuteil, wenn ich Gott lobe. Dann wird die Seele weit und lebt auf. Ich werde von Gottes Herrlichkeit und Heiligkeit erfüllt und gewinne eine Ausstrahlung, die auch andere in die Gottesnähe zieht.

Wir wollen uns, wie die Engel hier in unserem Text, um Gott versammeln und ihn preisen. Aber diese Freude, die Gott beim Anblick seiner heiligen Engel erlebt, empfängt hier einen mächtigen Dämpfer, denn auch der Satan mischt sich unter die himmlischen Boten und tritt vor Gott. Der Gegenspieler Gottes bringt sich ins Spiel. Satan übt seine Macht aus und läßt keine Gelegenheit aus, um sie unter Beweis zu stellen. Eigentlich hätte er allen Grund, Gott zu meiden, denn sein Ansinnen ist frech, unverfroren, dreist. Welches Recht nimmt er sich heraus, aus der Hölle in die göttliche Welt einzudringen? „Wo kommst du her?" fragt ihn Gott. Seine Antwort ist ausweichend, ja in verharmlosender Form erzählt er davon, wie er das Land durchzogen habe.

Das ist das teuflische Wesen des Widersachers. Er läßt in verniedlichender Art die Menschen im unklaren über sein Ansinnen und tut so, als ob er nur spazierenginge. In Wirklichkeit aber hat er die Versuchung und das Verderben im Sinn. Es gelingt ihm sogar, uns bei weihevollsten und heiligsten Handlungen zu stören und zum Unheil zu verleiten. Er füllt unser Innerstes mit bösen, satanischen Gedanken. Da, wo wir uns ganz auf die Heiligkeit Gottes konzentrieren möchten, werden wir durch sündiges Verhalten abgelenkt. Ich saß einmal in unserer Gemeinde und wollte gerne am Abendmahl teilnehmen. Aber plötzlich wurden meine Gedanken auf einen Studenten gerichtet, der einmal bei uns gewohnt hatte und ausgezogen war, ohne die Miete für die letzten drei Monate zu bezahlen. Ich war so mit dieser mißlichen Angelegenheit beschäftigt, wurde ärgerlich, daß die Feier an mir vorüberging, ohne daß ich einen Segen habe empfangen können. Innerlich leer und mit heftigen Vorwürfen, ging ich nach Hause. Ich hatte mich nicht entschieden genug gegen die listigen Anläufe des Teufels gewehrt. Es gilt, die Gedanken unter den Gehorsam Jesu Christi zu stellen und sie nicht im Zorn ausufern zu lassen.

Oder ich denke an eine Konferenz. Mitten in einer sehr bedeutsamen Ansprache kam mir ein Brief in den Sinn. Er hatte mich erst vor acht Tagen erreicht und enthielt eine Ausladung. Ich hätte zu einem Frauenfrühstück kommen sollen. Der Termin lag schon über ein Jahr fest. Plötzlich flatterte die Absage ins Haus, und das fünf Tage vor der geplanten Veranstaltung. Die Begründung schien mir sehr fadenscheinig. Die Leiterin erklärte, sie habe ein Tonband von mir gehört, ich sei in meiner Verkündigung zu fromm und konservativ. Sie habe Angst, die modernen, jungen Frauen würden abgeschreckt.

Natürlich war ich ärgerlich, denn ich hatte andere Termine wegen dieses Frauenfrühstücks nicht annehmen können.

Ich dachte, ich hätte diesen Brief längst unter den Füßen, und nun war ich so sehr damit beschäftigt, daß mir der Segen einer wertvollen Konferenz abhandenging. Das Wort Gottes blieb wirkungslos.

Wir sind in unserem Glauben stark angefochtene Leute und werden im Petrusbrief ermahnt: „Seid nüchtern und wachet; denn der Teufel geht umher wie ein brüllender Löwe und sucht, welchen er verschlinge. Dem widersteht fest im Glauben, und wißt, daß ebendieselben Leiden über eure Brüder in der Welt gehen" (1. Petrus 5,8-9).

Manchmal sind es auch kleine, belanglose Sachen, die uns die Andacht im Gottesdienst rauben wollen. Da sitze ich unter der Kanzel und höre auf die Predigt. Plötzlich werde ich erinnert, daß ich den Rinderbraten heute morgen nicht aus der Gefriertruhe geholt habe. Was biete ich nur zum Mittagessen an?

Oder mir fallen meine Alpenveilchen ein. Sie hatten die Blüten und sogar die Blätter hängen lassen. Ich wollte ihnen unbedingt Wasser geben und habe es doch vergessen. Lange kann ich solchen banalen, unwichtigen Dingen nachsinnen. Das Wort von Gott rauscht an mir vorüber, und ich bleibe innerlich leer und arm. Wie schwer fällt es mir, nüchtern und wachsam zu sein, damit ich den Segen des Evangeliums empfange.

Das Gemeine am Wesen des Teufels ist, daß ihm nichts heilig ist. An unserer empfindlichsten Stelle will er uns treffen.

Und noch eine Begebenheit steht mir vor Augen. Zum

Abschluß einer Freizeit wollten wir gemeinsam das Abendmahl halten. Wir waren in dieser Tagung von Gott sehr gesegnet worden. Jesus war unter uns als Erlöser und Herr. Plötzlich entstand während der Feier Unruhe. Eine Frau fing an zu schluchzen. Ihr war durch die Predigt klar geworden, daß sie sich mit einer Nachbarin aussöhnen sollte. Den Streit, den sie wegen der nicht eingehaltenen Hausordnung mit Frau Meier hatte, wollte sie wieder in Ordnung bringen. Mit unvergebener Schuld konnte sie nicht zum Tisch des Herrn gehen. Sie streckte ihr die Hand entgegen und bat um Verzeihung. Aber ihre Mitbewohnerin nahm dies nicht an. So einfach könne man einen handfesten Streit nicht aus der Welt schaffen, war ihre Meinung. Verweigerte Vergebungsbereitschaft schmerzt ungemein. Beide Frauen verließen den Gottesdienstsaal, und uns anderen war auch der Segen geschmälert.

So wie damals, zu Hiobs Zeiten, der Satan sich unter die Engel mischte und sogar die Vermessenheit besaß, vor Gott zu treten, so versucht er auch bei uns Kindern Gottes Unheil, Zank, Streit, Verleumdung und Zwietracht zu schüren. Er durchzieht unsere Familien, unsere Gemeinden und bringt alles durcheinander. Sogar da, wo wir uns rüsten, das Mahl des Herrn zu feiern, kommt er als Störenfried in unsere Reihen. Wein und Brot, die Zeichen der großen Liebe unseres Herrn, bleiben wirkungslos, wenn wir uns von einer anderen Macht beherrschen lassen.

Und hat nicht auch Jesus selber diesen Zwiespalt erleiden müssen? Für mich gehören diese Worte Jesu zu den schönsten im Neuen Testament: „Mich hat herzlich verlangt, dies Osterlamm mit euch zu essen, ehe ich leide. Denn ich sage euch, daß ich hinfort nicht mehr davon essen werde, bis daß es erfüllt werde im Reich Gottes."

Und doch muß Jesus die schmerzliche Erfahrung machen, daß einer unter seinen Jüngern ein Verräter ist.

„Wo kommst du her?" fragt Gott den Satan. Welche Antwort müßte der Teufel heute Gott geben, wenn er ihn fragte: Wo kommst du her, Satan?

Ist unser Inneres geschützt gegen die Macht des Bösen? Ergreifen wir den Schild des Glaubens, an dem die Pfeile des Bösewichts abprallen? Ziehen wir den Helm des Heils an und schützen wir uns durch das Wort Gottes? Wir haben in dieser Welt nicht mit Fleisch und Blut zu kämpfen, sondern mit Fürsten und Gewaltigen, und sie haben nur dieses eine Ziel, wie sie uns aus der Verbindung mit Gott reißen können. Aus diesem Grund kommen dem Lesen der Bibel und dem Gebet lebenswichtige Bedeutung zu.

„Wo kommst du her?" fragt Gott seinen Gegenspieler, und er erhält die gleiche Antwort wie in Kapitel 1 des Hiobbuches. „Ich habe das Land durchzogen."

Wieder deutet Gott auf seinen frommen, tapferen Mann, lobt ihn mit anerkennenden Worten, die Gott nun schon zum drittenmal formuliert: „Hast du nicht acht auf meinen Knecht Hiob?" Aber diesmal schiebt Gott ein strafendes Wort ein und will Satan damit sagen: Du bist schuld, du hast mich dazu bewogen, ihn ohne Ursache zu verderben. Du hast mir eingeredet, daß Hiob nicht umsonst Ehrfurcht vor mir habe. Und nun hast du all sein Lebensglück mit einem Schlag zerstört, denn Hiob hat mich um seiner selbst willen geehrt. Lauter und rein ist seine Liebe, und es gereut mich, daß ich dir, Satan, erlaubt habe, Hiob in so katastrophaler und schauriger Weise all sein Gut, seine Kinder zu nehmen. Ganz deutlich sagt Gott: „Umsonst hast du dich an meinem Knecht in so gemeiner Art vergriffen. Du hast versucht, ihn zu Fall zu bringen."

Unumwunden gibt der Teufel zu, daß er Hiob in diese mißliche Lage gebracht hat, daß er all sein Hab und Gut und noch seine geliebten Kinder verlieren mußte. Mit einem Schlag wurden ihm sieben tüchtige Söhne und drei prächtige Töchter genommen.

Eigentlich müßte sich jetzt der Teufel bei derart harten Anschuldigungen geschlagen geben. Aber er wäre nicht Satan, wenn er nicht wieder zu einem mächtigen Schlag ausholen würde. Sein Ziel sind Zerstörung und Verderben, und dazu ist ihm jedes Mittel recht.

Er wendet ein Sprichwort an, das damals bei den Noma-
den in ihren Handelsgewohnheiten gang und gäbe war, und
damit will der Teufel aufzeigen, daß Hiob bei alledem doch
noch ein Geschäft gemacht hat. Sein Vermögen ist ihm
zwar genommen, und seine Kinder sind alle ums Leben
gekommen, aber er selbst ist bei bester Gesundheit.

„Haut für Haut, und alles, was ein Mann hat, läßt er für
sein Leben."

Satan ist davon überzeugt, daß Hiob erst dann den Glau-
ben und das Vertrauen zu Gott aufgibt, wenn sein Leib und
Leben selbst betroffen sind. Auch in Hiob schlummert die
Selbstliebe. Wird sie bedroht, dann ist auch der Treue zu
Gott ein Ende gesetzt. Noch ist ja der Jammer Hiobs nicht
bis auf die Spitze getrieben. Noch darf Hiob gesund sein.
Nach Meinung der Gesellschaft ist Gesundheit ja das höch-
ste Gut.

Mit einem mächtigen Schlag hebt der Teufel an: „Taste
doch sein Fleisch und Blut an, und du wirst sehen, wie dein
Frommer dir eine Absage erteilen wird."

Auf dieses Ansinnen des Teufels geht Gott unbegreifli-
cherweise ein und erlaubt, daß Hiob eine schwere Krankheit befällt. Nur sein Leben darf der Teufel nicht antasten.
Gott setzt dem Teufel Grenzen und bleibt Gott. Bis hierher
und nicht weiter, das ist Gottes Befehl.

Eigentlich müßte man davon ausgehen, daß Gott ein so
teuflisches Begehren energisch und mit Entrüstung zurück-
weist. Es berührt uns bis ins Innerste, hier miterleben zu
müssen, wie Gott auf den Vorschlag Satans eingeht. Wir
sind fassungslos.

Wahrscheinlich ist doch ein Fünkchen Wahrheit im Ein-
wand des Verklägers zu entdecken. Wenn es an unser eigenes Leben geht, dann vergessen wir Menschen oft Anstand
und Moral, und wir gleichen Barbaren. Kriegsgefangene
wissen davon ein Lied zu singen, wie sich ihre Kameraden
gebärden konnten, wenn es in den Lagern um die Brotver-
teilung ging. Jeder war sich da der Nächste. Alle sittlichen
und religiösen Bindungen brechen zusammen, wenn es

ums Überleben geht. Gibt es nur einen Platz im Rettungs-
boot, dann hat nur der beste Schwimmer eine Chance. Er
wird zuerst ins Boot gelangen und sich in Sicherheit bringen.

Oder ich werde an eine Geschichte erinnert, die uns der
jüdische Schriftsteller Levi in seinem Buch beschreibt. In
Auschwitz war er ins KZ eingeliefert worden. Es ist kaum
zu glauben, mit welch entsetzlichen, grausamen Methoden
die Aufseher sich ihre Gefangenen gefügig machten.
Schlimm war besonders der Hunger. Elend und ausgelaugt
schleppten sich die Männer, Frauen und Kinder durch den
Tag. Ihre Gedanken kreisten nur um das eine Wort: Brot.

Aber noch schrecklicher als der Hunger war der Durst.
An einem heißen Sommertag war Levi mit einem Trupp
von Häftlingen abkommandiert worden, um ein zerstörtes
Haus vom Schutt freizuschaufeln. Morgens war ihnen zu
ihrer Schnitte Brot eine Tasse schwarzen Kaffees zugeteilt
worden. Bei glühender Hitze räumten sie Steine und Bau-
schutt weg. Der dichte Staub tat noch ein übriges und
trocknete die Kehlen total aus. Einige dieser Häftlinge
waren schon erschöpft zusammengebrochen. Man ließ sie
einfach in der heißen Sonne liegen.

Auch Levi litt entsetzlich. Auf seinen Lippen bildeten
sich Blasen, der Mund war ausgedörrt und brannte wie
Feuer. „Wasser, Wasser", war sein einziger Gedanke. Er
träumte von Wasser, er hörte es in seinem Wahn rauschen.
Es muß wie eine Fata Morgana gewesen sein. Aber immer
wurde er von der rauhen Wirklichkeit wieder eingeholt. Es
war eine Qual.

Plötzlich entdeckte er in einer Kellerecke ein Leitungsrohr. Dort könnte noch Wasser drin sein, überlegte er.
Heimlich, ohne daß ein anderer ihn beobachten konnte,
versuchte er, den Wasserhahn aufzudrehen. Es gelang ihm
nicht. Zu stark war der Hahn verrostet. Er probierte es mit
einer Zange. Alle Kraft, die noch in seinem ausgemergelten
Körper steckte, nahm er zusammen, er drückte und drehte
und wirklich, der Wasserhahn ließ sich öffnen. Hoffnung

keimte in ihm auf. Er schaffte sein Vorhaben, und schon tropfte das kühle Naß aus dem Leitungsrohr. Behutsam mußte er mit dem kostbaren Gut umgehen, denn er überlegte, daß ja nicht allzuviel Wasser im Rohr sein könnte, denn die Hauptleitung war zerbombt. Er hielt seinen ausgetrockneten Mund dicht an den Hahn und sog jeden Tropfen gierig in sich hinein. Wie ein biblisches Wunder kam ihm dieses Rohr vor, und er stillte seinen Durst. Und während er sein stilles Glück genoß, schob sich ein Gedanke in seinen Sinn. Sollte er seinem Mitgefangenen, dem alten Jakob, nicht auch etwas von seinem herrlichen Wasser abgeben, vielleicht ein, zwei Schluck? Jakob arbeitete im gleichen Haus nur einen Keller weiter, und er hatte bemerkt, wie kraftlos und ausgedörrt der Alte war. Ein Schluck Wasser könnte seine Lebensgeister wecken. Seine ursprüngliche Freude verebbte, denn dann würde ihm weniger Wasser zukommen. Morgen war noch ein Tag und übermorgen auch.

Warum nur mußte er an Jakob erinnert werden? Dieser Gedanke schmälerte sein Glück und ärgerte ihn. Vielleicht wäre ja nur sehr wenig Wasser im Rohr, und dann mußte er morgen bei sengender Hitze wieder Durst leiden. „Was habe ich davon, wenn ich dem Alten etwas von meinem Vorrat abgebe und dann selber verschmachte?" dachte er.

In seinem Innern tobte ein Kampf, und das Böse siegte. Er schraubte vorsichtig den Wasserhahn zu und stülpte einen alten zerrissenen Sack über die Leitung. Keiner sollte sein Geheimnis erfahren. Am Abend wurden die Gefangenen wieder in ihre Baracken geführt.

Jahre waren über diesem Erleben dahingegangen. Längst war der Krieg zu Ende und die Häftlinge, die überlebt hatten, befreit.

Eines Tages traf er wieder mit Jakob zusammen. In einer Kneipe in Italien hatte er ihn unter den anderen Gästen entdeckt. Sofort stand ihm die Begebenheit damals im Keller des ausgebombten Hauses lebhaft vor Augen. Jakob wich ihm aus und hatte nur einen spöttischen, ja verletzenden

Blick für ihn übrig. Er gab ihm zu verstehen: „Levi, ich habe dich beobachtet, als du da im dunklen, staubigen Keller am Wasserhahn herumhantiertest, ja, ich habe es bemerkt. Levi, an mich hast du wohl nicht gedacht, du großer Egoist, du dreckiges Schwein!"

Tief saß der Stachel dieser Worte in seinem Gewissen. Ja, der Alte hatte recht. Er hatte nur an sich gedacht und den ausgemergelten verdursteten Jakob links liegen lassen. Scham ergriff ihn, und er sagte sich: „Levi, du bist kein Schuft. Levi, du bist ein elender, eigensüchtiger Mensch!"

Wird Hiob anders handeln? Wird er seine Bewährungsprobe bestehen?

Wird Hiob an Gott festhalten, auch wenn ihn der Aussatz von Kopf bis zu Fuß quält, der Eiter aus seinen Wunden fließt und der Juckreiz ihn fast zur Verzweiflung treibt? Auf einem Aschenhaufen sitzt der einst so geachtete und geehrte Fromme und reibt sich mit einer Scherbe seine juckende Haut. Von Kopf bis Fuß ist er mit gräßlichen Schwären bedeckt. Ekelerregend und häßlich sind seine Wunden. Wer vom Aussatz befallen wird, ist ein Ausgestoßener. Die Angst vor Ansteckung führt einen solchen Menschen in die Isolation. Er muß den Ort seiner Heimat verlassen. Freunde ziehen sich von ihm zurück. Noch nicht mal ein Knecht wird sich ihm nahen. Keiner ist bereit, mit liebender Hand seine Wunden zu verbinden oder ihm eine heilende Salbe zu reichen. Zur Qual der Krankheit kommt nun noch der Schmerz des Ausgestoßenseins. Wie ein Geächteter muß Hiob in der Einöde leben. Mit Grausen wenden sich die von ihm ab, die ihm zur Hilfe verpflichtet sind. Sein Anblick ist einfach nicht zu ertragen, und seine Krankheit ist höchst ansteckend.

In abgeschwächter Form erlebte ich so etwas beim schweren Unfall meiner Schwester. Durch ein entsetzliches Zugunglück waren beide Beine schwer verletzt worden. Sie hat als einzige diesen Unfall überlebt, alle anderen Mitreisenden waren auf der Stelle tot. Man kann es sich kaum vorstellen, wie verletzt ein Mensch ist, der aus einem Zugwrack herausgeschweißt werden muß. Meine Schwester war so entstellt, daß ich sie gar nicht wiedererkannt habe. Es gab nicht eine heile Stelle am ganzen Körper, aber am schlimmsten waren die Beine betroffen. Über und über waren ihr Fleisch und die Knochen vom Eiter befallen. Stück um Stück mußten die verfaulten Knochen herausoperiert werden. Schließlich blieb nur die Amputation übrig, durch die meine Schwester an den Rollstuhl gefesselt wurde.

Mir wurde einmal ganz übel, als ich ihr Krankenzimmer betrat. Der Gestank des Eiters drang mir in die Nase. Ich eilte ans Fenster, um es zu öffnen. Verwundert fragte mich meine Schwester: „Ist es denn hier zu warm?“ Sie hatte sich so an den Geruch gewöhnt, daß sie ihn gar nicht mehr empfand. Wurden die Verbände von den Beinen gewechselt, dann hielt ich den Anblick nicht aus. Schreckliche Schmerzen plagten sie. Die lange Leidenszeit, denn es dauerte über fünf Jahre, bis die letzten Wunden abgeheilt waren, hat uns als Familie in eine ungeheure Anfechtung geführt. Gerade das Buch Hiob wurde für meine Schwester eine Trostquelle. Sie hat es mehrmals gelesen und gewann Kraft durch das Wort: „Ich weiß, daß mein Erlöser lebt.“

An der Stelle werde ich an Jesus, den Gottessohn, erinnert, als er auf Golgatha Schmerzen und unsägliches Leid erduldete. Jesaja 53,4 schildert die Kreuzigung:

„Fürwahr, er trug unsere Krankheit und lud auf sich unsere Schmerzen. Wir aber hielten ihn für den, der geplagt und von Gott geschlagen und gemartert wäre. Aber die Strafe liegt auf ihm, auf daß wir Frieden hätten, und durch seine Wunden sind wir geheilt.“

Hiob ist in seinem Leid ein Hinweis auf den geplagten Gottessohn. Nackt und bloß hängt Christus am Marterpfahl. Durch seine Hände und Füße sind mächtige Nägel geschlagen. Auf seinem Kopf hat sich ihm eine Dornenkrone tief eingedrückt. Sein ganzer Körper ist von Striemen und Wunden bedeckt. Am liebsten möchte man vom Ort des entsetzlichen Geschehens wegsehen, denn die Qual, die Grausamkeit und das Elend bedrücken unser Innerstes.

Lamparter schreibt dazu in seiner Auslegung: „Hiob ist nicht irgendein Dulder im großen Spital dieser Welt — er ist das prophetische Modell für Ihn, den großen Schmerzensmann. Zu allem körperlichen Leiden kommt nun noch die seelische Qual, die häßliche Verletzung durch seine eigene Frau."

Bei Delitzsch lesen wir: „Seine Kinder hat Hiob verloren, aber dieses Weib hat er behalten."

Der Mensch, der ihm Gehilfin und Freude sein sollte, wird ihm zur schrecklichen Anfechtung. Anstatt ihren Mann in seinem nicht zu beschreibenden Leid zu trösten, wird seine Frau ihm zur Versuchung.

„Warum hältst du an deiner Frömmigkeit noch fest? Verfluche Gott und stirb!" so lautet der Urtext. Das Liebste, das ihm auf Erden noch geblieben ist, seine Ehefrau und Mutter seiner Kinder, begibt sich auf die falsche Seite und begreift nicht, warum ihr Mann sich nicht von Gott abwendet. Ob sie der Verlust ihrer Kinder ins Hadern mit Gott gebracht hat? Wir wissen es nicht. Was letztlich bei ihr zum Bruch mit Gott führte, wird im Dunkeln bleiben müssen. Der Tod ihrer zehn Kinder hat sie hart getroffen. Ihre Seele ist bis ins Innerste verwundet. Keine Tröstung kann sie erreichen. So läßt sie sich an den Ort treiben, wohin der Teufel Hiob haben möchte. „Sage Gott ab, verfluche ihn, der unser Leben so zerstört hat, und stirb!"

Lamparter hat uns zu dieser Textstelle ein packendes Gedicht geschrieben:

„Da nun viel Zeit vergangen war, sprach zu ihm sein Weib:
Wie lang verharrst du noch und sprichst:
,Siehe, ich warte noch eine kleine Zeit
und gedulde mich in der Hoffnung meines Heils?'
Siehe doch, vertilgt ist dein Gedächtnis von der Erde,
Söhne und Töchter, die Schmerzen und Mühsal
meines Leibes, die ich vergeblich getragen habe
mit Seufzern.

Du aber selbst, du sitzest in Fäulnis der Würmer und
nächtigst unter dem Himmel, und ich, zur Tagelöh-
nerin und Landstreicherin geworden,
treibe mich umher von Ort zu Ort, von Haus zu
Haus, der Sonne wartend,
wann sie endlich untergeht, damit ich Ruhe
finde von den Schmerzen und Wehen, die mich
jetzt umfangen.
Wohlan denn, sprich irgendein Wort wider den
Herrn und stirb!"

Wir wollen nicht leichtfertig über Hiobs Frau urteilen.
Diese Zeilen zeigen uns, wie verzweifelt sie ist. Alle ihre
Hoffnungen hat sie begraben. „Du verfaulst sowieso bei
lebendigem Leibe. Würmer kommen aus deinen eiternden
Wunden hervor. Dein Seufzen und Schreien gellt mir in den
Ohren. Du verursachst mir mit deiner Qual schreckliche
Pein."

Es ist die nackte Verzweiflung, aus der heraus sich Hiobs
Frau zu gotteslästerlichen Worten hinreißen läßt. Sie stellt
sich mit ihrem Gerede auf die Seite des Teufels, der nur darauf wartet, daß sich Hiob von Gott lossagt. Hiobs Frau
wird so zum Werkzeug in der Hand des Teufels, das den
Fluch gegen Gott und den Tod des geliebten Gatten provo-
ziert.

Ähnlich ist es Jesus ergangen, als sich seine eigenen Jün-
ger gegen ihn stellten. Mit scharfen Worten hat Christus
Petrus gewehrt: „Hebe dich von mir, Satan, du bist mir
ärgerlich, denn du meinst nicht, was göttlich ist, sondern
was menschlich ist."

Auch in unserer Textstelle tadelt Hiob seine Frau: „Du
redest, wie die närrischen Weiber reden. Haben wir Gutes
empfangen von Gott und sollten das Böse nicht auch
annehmen?"

Mit ihren Worten hat Hiobs Frau bekundet, daß sie sich
gegen Gott stellt. Sie ist ins Lager der Gottlosen überge-
wechselt.

Menschen, die sich von ihrem Schöpfer lossagen, sind Narren, oft verzweifelte Narren. In Psalm 14 heißt es: „Die Toren sprechen in ihrem Herzen: Es ist kein Gott. Sie taugen nichts und sind ein Greuel in ihrem Wesen, da ist keiner, der Gutes tue.

Der Herr schaut vom Himmel auf der Menschen Kinder, daß er sehe, ob jemand klug sei und nach Gott frage.

Aber sie sind alle abgewichen und allesamt untüchtig; da ist keiner, der Gutes tue, auch nicht einer."

Hiob aber bekennt sich zu seinem Gott: „Wenn ich auch verunstaltet bin, ein Bild des Jammers und des Elends, wenn man sein Angesicht vor mir verbirgt und der Ekel die Leute ergreift, ich halte mich zu dir, mein Herr und Gott. Ich habe Gutes von dir empfangen und will auch das Schwere aus deiner Hand annehmen. In Gottes Allmacht ist es beschlossen, Schönes und Gutes, aber auch Schweres und Unheilvolles auszuteilen. Ich beuge mich unter die gewaltige Hand meines Vaters im Himmel. Ich will mich nicht versündigen."

In dieser Haltung ehrt Hiob seinen Gott. Gewiß, das Lob kommt hier nicht mehr über seine Lippen. Er ist zu einem stillen Dulder geworden, der trotz aller Bedrängnis in der Hand seines Gottes bleiben will.

Auch in dieser Haltung erinnert uns Hiob an Jesus Christus, den Gottesknecht:

„Da er gestraft und gemartert war, tat er seinen Mund nicht auf wie ein Lamm, das zur Schlachtbank geführt wird, und wie ein Schaf, das verstummt vor seinem Scherer und seinen Mund nicht auftut."

Als Jesus unter schrecklichen Qualen auf Golgatha starb, kam kein Fluch über seine Lippen. Er hat sein Leid nicht in trotzigem Aufruhr Gott entgegengeschleudert. Er blieb der Sündlose, der Reine, der stille Dulder, der Heiland, der um unseretwillen in innerer Größe und starkem Gottvertrauen gelitten und gestorben ist. Aber er ist auch auferstanden, lebt beim Vater im Himmel und wird bald als König der Welt wiederkommen und herrschen.

„O du Lamm Gottes, du hast auf Golgatha herrlich
gesieget. Amen, Halleluja!
Du hast erworben Heil für die ganze Welt und hast
aufs völligste gezahlt das Lösegeld.
Du riefst mit lauter Stimm' durchs Todes Nacht: Es ist
vollbracht! Es ist vollbracht!"

Wenn Freunde trauern ...

Hiob 2,11-13

Wenn auch der Schmerz bei Hiob unbeschreiblich ist, so scheint es hier in diesem Abschnitt, als sollte er doch noch in seinem Leid Trost erfahren. Wie ein Lauffeuer hat sich die Kunde vom entsetzlichen Unglück dieses Frommen im ganzen Land ausgebreitet, noch schneller als vor Zeiten sein Ruhm und seine Ehre, die sich in seinem Wohlstand äußerten. Es liegt einfach in der Natur des Menschen, daß er zum Leben schlechte Nachrichten braucht, um nicht der Langeweile zu verfallen. Ereignet sich irgendwo in der Welt ein Unglück, dann bedienen sich die Medien des schrecklichen Geschehens und schlachten es hemmungslos aus. In Zeitungen erscheinen dann Schlagzeilen wie: Tankerunglück an der Nordseeküste, Erdbeben in Los Angeles, Tanklastzug rast in ein Wohnhaus und entfacht eine Feuersbrunst, Ehemann erschlägt seine Frau und vier Kinder mit einem Beil und erschießt sich anschließend selbst ...

Auch Hiobs Schicksalsschläge gehen wie ein Gerücht von Mund zu Mund und erreichen auch seine drei Freunde. Es muß sich, laut Aussage in Jeremia 29,7, um weise Männer handeln, die im Innersten von Hiobs Elend ergriffen sind. Es sind echte, wahre Freunde, und nicht von der Art, von denen es heißt: „Freunde in der Not gehen tausend auf ein Lot." Sie stehen zu Hiob, weil sie seinen Schmerz an der eigenen Seele verspüren und wissen: Hiob braucht sie jetzt ganz dringend. Es gilt zu beweisen, daß Hiob auf sie zählen kann. Sie halten ihm die Treue. In Sirach 6,14-16 heißt es: „Ein treuer Freund ist ein starker Schutz; wer den hat, der hat einen großen Schatz.

Ein treuer Freund ist mit keinem Geld noch Gut zu bezahlen.

Ein treuer Freund ist ein Trost des Lebens; wer Gott fürchtet, der bekommt solch einen Freund." *Bsp erzählen*

Ich selbst weiß um solche treuen Freunde. Als wir einmal einen Autounfall erlitten, waren wir schrecklich deprimiert. Aber als Herr Pfarrer Scholz mit seiner Frau bei uns erschien und uns beistand, ging es uns schon gleich besser. Oder ich denke an den Bau unseres Hauses. Wir hatten wohl die Kosten überschlagen und lange überlegt, ob wir denn bauen sollten. Das Geld reichte mit den Darlehen und den Bausparverträgen gerade so aus. Wenn wir uns ein halbes Jahr einschränkten, dann wären sogar noch die Lampen und die Küche zu bezahlen. Aber dann trat ein Ereignis ein, mit dem wir nicht gerechnet hatten. Die Zinsen stiegen plötzlich gleich um mehrere Prozent. Das warf unseren Finanzierungsplan über den Haufen. Wir gerieten in Not. Unser Bauleiter war Christ und wußte um unsere Misere. „Frau Bormuth", sprach er mich an, „ich verwalte das Geld meiner Mutter. Ich könnte Ihnen von ihrem Konto 10 000 DM anbieten, und Sie zahlen es mir in drei Jahren mit den üblichen Sparzinsen zurück. Wäre Ihnen das eine Hilfe?"

Und ob das eine Hilfe war! Ich hätte unseren Freund umarmen können, so glücklich war ich. Unsere mißliche Situation wandte sich zum Guten.

Auch Hiob weiß um solche Freunde, die nicht mit Geld zu bezahlen sind. Sie leiden mit ihm, und sein entsetzliches Ergehen greift ihnen ans Herz. Aus drei verschiedenen Orten, aus Teman, Schuach und Naama brechen sie sofort auf. Sie scheuen keine langen Wege und fürchten sich auch nicht vor Gefahren, sondern nehmen alle Beschwernisse in Kauf, die mit solch einer Reise verbunden sind. Flugzeuge, ICE-Züge gab es damals noch nicht. So reiten sie auf ihren Kamelen über die endlosen, staubigen Pfade. Es bewegt sie nur der eine Gedanke, wie sie Hiob beklagen und trösten könnten.

Ich wurde einmal in eine ähnliche Lage versetzt. Ein junges Ehepaar und dazu der Bruder und die Schwester der Frau verunglückten auf der Heimfahrt vom Skiurlaub sehr schwer. Bei Rosenheim war ein Auto nach links aus seiner Spur geraten und prallte mit voller Wucht auf ihren Opel Rekord. Das Ehepaar war auf der Stelle tot, die beiden anderen Mitreisenden wurden mit lebensgefährlichen Verletzungen in die nächste Klinik eingeliefert. Der Vater der getöteten Mutter, die noch ein kleines Kind hatte, fuhr sofort nach Bayern, um nach den Verletzten zu sehen und die beiden Särge der Toten zu holen. Mir war klar, daß ich die Mutter der Getöteten aufsuchen und ihr in ihrem Schmerz beistehen sollte. Diese Aufgabe ist mir nicht leichtgefallen, zumal ich noch sehr jung war und selbst noch keine Erfahrung in der Begegnung mit dem Tod gemacht hatte. Diesem gräßlichen Leid gegenüber fühlte ich mich machtlos. Daß nun ein Baby zur Waise geworden war, das hat mich maßlos umgetrieben. Aber ich ging in dieses Trauerhaus, saß still bei der alten Mutter, kümmerte mich um das Baby und trug das Leid mit. Kein Wort wollte mir so recht über die Lippen kommen, aber diese beiden Tage hielt ich standhaft durch. Das Gebet wurde mir und den Angehörigen zur Quelle der Kraft. Sicher ist dies das wichtigste, das uns Christen möglich ist. Das Reden mit Gott enthält Tröstung. Eigene Worte können oft mehr verletzen, als daß sie helfen. Ehrlicherweise will ich zugeben, daß ich erleichtert war, als ich zu meiner Familie zurückgehen konnte. Dies war eine sehr schwere Herausforderung für mich.

Hiobs Freunde bleiben nicht nur zwei Tage, sondern sieben Tage und sieben Nächte, ohne daß ein Wort über ihre Lippen kam. Ihr Mitleid ist echt und nicht vorgetäuscht wie so oft bei Unglücksfällen. Wie viele Leute kommen da ans Grab – der Kaufmann, der Arzt, der Nachbar, der Kollege, der Apotheker – und wollen einem das Beileid aussprechen. Das ist aber ein schier unmögliches Unterfangen, wenn man den Toten nur flüchtig kannte. Aber hier bei den Freunden fehlt der Beigeschmack des Gewohnten. Sie lieben Hiob, verstehen ihn und sind über seine unbegreifliche Wegführung betroffen. Sicher haben sie auf ihrer langen Reise überlegt, was sie ihrem Freund sagen wollen, aber nun, da sie am Ort des schrecklichen Geschehens eingetroffen sind und sie Hiob in seinem erbärmlichen Zustand gegenüberstehen, verschlägt's ihnen die Sprache. Schon der Anblick aus der Ferne hat sie erschrecken lassen. Ist dies noch der ehrbare, reiche, glückliche Hiob, der von jedem bewundert und geachtet wurde? Jedes Wort des Trostes erstirbt ihnen auf den Lippen. Fast können sie ihren Freund nicht mehr erkennen, so entstellt ist er. Hiob sitzt auf einem Aschenhaufen, schabt sich mit einer Glasscherbe die Wunden, weil er den Juckreiz einfach nicht mehr aushalten kann. Der Eiter läuft ihm am Körper herunter. Große Löcher hat ihm der Aussatz in Gesicht, Hände und Füße gefressen. Aschfahl ist seine Haut, und an manchen Stellen hängen ihre Fetzen herunter. Apathisch und stumm sitzt er im Dreck und kann sein Leiden nicht fassen. In ihrem ganzen Leben ist den Freunden noch nie ein Mensch mit solch scheußlichen Schwären begegnet.

Sie erschaudern und brechen in lautes Klagen und Weinen aus. Die Tränen rinnen ihnen über die Wangen, und sie schämen sich ihrer nicht. Ergreifend sind ihre Klagen, und vor entsetzlicher Qual reißen sie sich ihr Obergewand vom Leib. Nach orientalischer Sitte werfen sie den Staub himmelwärts in die Luft, so daß er auf ihren Köpfen niederfällt als Zeichen von Traurigkeit, die das sonst übliche Maß übersteigt. Durch diese symbolische Handlung wollen sie deutlich machen, daß der Sonne durch den aufgewirbelten Staub der Anblick dieser Elendsgestalt verwehrt bleiben soll.

Sieben Tage und sieben Nächte harren sie bei ihrem Freund aus, ohne daß ein Laut ihrer heißen Kehle entströmt. Hat je einer von uns diese Leistung vollbracht und ist bei einem Leidenden so lange sitzen geblieben?

R. A. Schröder schreibt dazu: „Es ist der grandioseste Auftakt, den je ein Gespräch genommen hat."

Die tiefste Teilnahme vollzieht sich in der Sprachlosigkeit. Ihr Herz schlägt für ihren geplagten Freund.

Für Hiob ist dies wohl der mitfühlendste Trost, der ihm zuteil wird. Das Schweigen seiner Freunde redet lauter, als Worte es vermögen. „Keiner wagt es, Hiob anzureden und ihn aus seiner wortlosen Trauer aufzustören. Aber hinter ihren schweigsamen Stirnen flattern wie aufgeschreckte schwarze Vögel die Gedanken, und aus der gewaltigen Stille der sieben Tage und Nächte wächst die Frage, um welche die folgenden Gespräche kreisen, die Frage nach der Ursache und dem Sinn dieser Leiden, wie die steil aufsteigende Rauchfahne eines inwendig brodelnden Vulkans, welche stumm und drohend allmählich den ganzen Himmel verdüstert", schreibt Professor Lamparter.

Durch meine Arbeit in der Telefonseelsorge und die Beratung in persönlichen Gesprächen begegnen mir sehr oft schreckliche Nöte und Taten der Verzweiflung. Gerade in der Betreuung selbstmordgefährdeter Menschen tun sich schauerliche Abgründe auf. Eine Nacht werde ich wohl mein Leben lang nicht vergessen. Zweieinhalb Stunden hing ich am Telefon fest und wurde in ein Gespräch verwickelt, das mir viel Kraft abverlangt hat. Als die Nacht vorüber war und der Morgen graute, war ich müde, schrecklich müde. Eine junge Frau rief an: „Vor mir liegen eine große Packung Rasierklingen. Ich werde sie in Zeitungspapier einwickeln und sie dann mit einem Glas Rotwein einzeln runterschlucken. Dies ist die sicherste Methode, um dieser Welt ade zu sagen."

„Nein, das werden Sie nicht tun. Wir müssen erst miteinander reden. Ihr Leben ist sehr wertvoll!" griff ich energisch in das Gespräch ein.

„Was haben Sie eben gesagt? Mein Leben sei wertvoll? Das hat mir noch nie einer gesagt. Im Gegenteil. Schmarotzer nennt mich meine Mutter, Mißgeburt, elender Balg, fünftes Rad am Wagen. Ich habe meiner Mutter immer schon im Weg gestanden. Ihre Beziehungen zu Männern sind meist wegen mir gescheitert. Einmal hätte sie sogar einen reichen Geschäftsmann heiraten können, wenn ich nicht gewesen wäre. ‚Unzeitige Geburt!' hat sie geschrien, ‚du verdirbst mir jede Chance.' Meine Mutter hat mich geliebt und gleichzeitig gehaßt. Können Sie sich so etwas vorstellen? Das hat schon vor meiner Geburt angefangen. Mit dem Tage als sie schwanger wurde, begann ihr Unmut gegen mich. Das weiß ich aus Briefen, die ich bei meinem leiblichen Vater nach seinem Tod fand. Wenn ich im Mutterleib oder bei der Geburt gestorben wäre, dann hätte kein Hahn nach mir gekräht, so gleichgültig war ich ihnen. Auch eine Abtreibung hat meine Mutter in Erwägung gezogen, aber die Angst, dafür bestraft zu werden, hat mich am Leben erhalten. Die Angst allein war meine Chance, aber ist das ein guter Start ins Leben?

Ein halbes Jahr nach meiner Geburt nahm mich meine Oma zu sich. Ich blieb bei ihr, bis ich in die Oberschule kam. Das war die schönste Zeit in meinem Leben. Großmutter war eine liebe Frau. Ich durfte neben ihr im Bett, das früher Opa gehörte, schlafen. Abends hat sie mit mir gebetet und Gute-Nacht-Geschichten erzählt. Im Garten durfte ich mir ein Beet bepflanzen und einen kleinen Fischteich anlegen. Wenn Kirmes war, steckte sie mir Geld zu und fuhr mit mir Riesenrad oder Karussell. Zuckerwatte und gebrannte Mandeln kauften wir uns an den Buden. Aber dann erkrankte sie schwer an Asthma, und die Atemnot führte auch zu ihrem plötzlichen Tod. In einer Nacht starb sie, ohne daß ich ihr hätte helfen können. Ich war noch zur Nachbarin gerannt, sie möchte doch nach einem Arzt telefonieren, aber bis der Doktor eintraf, atmete sie schon nicht mehr. Ich war wie betäubt. Ihr Tod hat mir einen Schock versetzt. Ich schrie vor Schmerzen, saß in der kalten Stube, bis eine Verwandte kam und mich mit in ihre Wohnung nahm. Die Fürsorge wurde benachrichtigt, und so landete ich schließlich bei meiner Mutter in Hamburg.

Aber Mutter war für mich wie eine Fremde. Da begann mein Elend, denn Mutter war im Milieu der Reeperbahn zu Hause und arbeitete nachts als Prostituierte. Abends ließ sie mich immer allein und ging anschaffen, wie sie es nannte. Die Angst ließ mich nie mehr los. Erst der plötzliche und schreckliche Tod von Oma, dann das Alleingelassenwerden! Ich war gerade 12 Jahre, als mir schon der Gedanke kam, mir das Leben zu nehmen. Ich war so hungrig nach Geborgenheit, nach Liebe, aber keiner konnte mir meinen Wunsch erfüllen. Ich blieb nicht nur in der Nacht allein, sondern auch am Tag, denn Mutti mußte ja schlafen. Und weil sie den Ekel vor sich selber nicht mehr verkraften konnte, griff sie zur Flasche. ‚Kleines Luder, hol mir den Whisky aus dem Kühlschrank!' brüllte sie mich an. Wenn ich nicht gleich spurte, warf sie in ihrem Suff mit dem Pantoffel nach mir. Manchmal kamen auch die Freier in die Wohnung, und Mutter stand ihnen mit ihren ‚Liebesdiensten' zur Verfügung. Von der Küche aus hörte ich dann das Liebesgeflüster und Gestöhne. Ist es da verwunderlich, daß ich eine Überdosis Schlaftabletten schlucken wollte?

Die Lust, in die Schule zu gehen, hatte ich längst verloren. An manchen Tagen stromerte ich durch die Straßen, lungerte in den Geschäften herum und schwänzte die Schule. Aber damit erreichte ich, daß sich das Jugendamt einschaltete. Ich wurde meiner Mutter weggenommen und kam in eine Pflegefamilie. Drei schöne Jahre folgten für mich in Blankenese. Meine Mutter kam nur mal zu Weihnachten oder an meinem Geburtstag auf Besuch. Mit riesig großen Paketen stand sie dann vor der Tür und wollte damit ihr Gewissen beruhigen. Ab und zu gingen wir auch zusammen in ein Café, und sie bestellte mir eine Schokolade mit Schwarzwälder Kirschtorte. In diesen Jahren lebte ich sichtlich auf, gewann Freunde, hatte Spaß am Lernen und ging sogar in einen christlichen Jugendkreis.

Aber dann geschah ein schrecklicher Unfall, bei dem meine Pflegemutter schwer verletzt wurde. Die Feuerwehr brauchte zwei Stunden, bis sie sie aus dem Autowrack herausgeschweißt hatte. Das linke Bein war mehrmals gebrochen, und im Gesicht hatte sie häßliche Schnittwunden. Auch drei Operationen konnten nicht dazu beitragen, daß sie wieder normal aussah. Sie blieb entstellt und hatte auch mit dem Laufen Schwierigkeiten. Die Fürsorge suchte ein Internat für mich. Wieder war ich entwurzelt und fiel in eine Depression. Die Folge war eine Magersucht, und man wies mich in die Jugendpsychiatrie ein. Ich wog noch 32 kg, und das ist bei meiner Größe von 170 schrecklich wenig. Ich rechnete damit, daß ich wohl bald sterben würde, so elend fühlte ich mich. An eine Berufsausbildung war vorläufig nicht zu denken.

Das Schicksal hat mir übel mitgespielt. War ich mal längere Zeit nicht in der Klinik, dann suchte ich mir einen Job. Ein weiter dicker Pullover verdeckte meine Magersucht. Ich trug Illustrierten aus, wusch in einem Café Teller und Tassen oder kontrollierte in einem Kino die Besucher. Lernte ich mal einen Freund kennen, dann wurde ich meist schamlos ausgenutzt. Warum sind Männer so gemein und hinterhältig? Für ein paar Mark habe ich mich verkauft, um meine Miete zu bezahlen oder eine Jeans kaufen zu können. Meine Mutter hat mir ja vorgelebt, wie man zu Geld kommen kann.

So verwahrloste ich immer mehr und bin heute ein gescheiterter Mensch. Ich will sterben, nur noch sterben. Die Sache mit den in Zeitungspapier eingewickelten Rasierklingen ist eine todsichere Methode, im wahrsten Sinne des Wortes. Ich würde an Magenbluten sterben, und dabei würde wahrscheinlich gar nicht erst Verdacht entstehen. Ich schluck' jetzt die Rasierklingen, und dann hat mein Elend ein Ende."

„Bitte, tun Sie es nicht. Wir müssen miteinander reden. Sie dürfen nicht sterben. Sie sind noch ein so junger Mensch. Das ganze Leben liegt vor Ihnen. Es gibt noch einen Ausweg aus Ihrem Dilemma. Glauben Sie mir!"

Es folgte ein langes Gespräch, in dessen Verlauf es mir gelang, die Todeskandidatin von ihrem Vorhaben abzubringen. Ich gab ihr dann meine private Nummer, damit sie ihr Leid nicht noch anderen Mitarbeitern klagen mußte. Aber es folgte eine Zeit, in der ich über Monate aus meinem Bett herausgeklingelt wurde, manchmal sogar dreimal in der Nacht. Die Todessehnsucht übte eine magische Kraft aus. Aber langsam wuchs das Vertrauen zwischen uns. Ein vierzehntägiger Aufenthalt im Diakoniekrankenhaus brachte sie mit dem Evangelium in Verbindung. Fröhlich erzählte sie mir von den Andachten und den Liedern, die über die Lautsprecher in ihr Zimmer übertragen wurden. Langsam, ganz langsam setzte bei der jungen Frau eine Heilung ein, körperlich und seelisch. Der Kontakt zu mir blieb erhalten. Später zog sie dann in eine Stadt im Ruhrgebiet, wo sie eine Berufsausbildung anfangen sollte. Das Arbeitsamt hatte ihr diese Chance vermittelt. Dann trennten sich unsere Wege, und ich verlor sie aus den Augen.

Aber diese Nacht, als sie drohte, Rasierklingen zu schlucken, werde ich wohl nicht so schnell vergessen. Der Schreck saß sehr tief bei mir.

Aber ich will wieder zurück zu meiner Textstelle kommen. Die Frage nach der Ursache, nach dem Sinn solch schwerer Leiden, wie sie Hiob zu erdulden hat, wird uns noch lange beschäftigen. Wie eine dunkle, drohende Wolke verdüstert sie den Himmel. An der Stelle müssen wir uns fragen: Wo treibt da Satan sein böses Spiel? Wo ist er verblieben? Hat er den drei Freunden Hiobs das Feld überlassen, und hat er sich vom Ort des Geschehens zurückgezogen? Fast hat es den Anschein, denn von ihm ist nicht mehr die Rede. Aber dieser Schein trügt. „In Wirklichkeit hat er schon über alle sein Netz geworfen", schreibt Lamparter. Es ist erschütternd, daß diese drei Freunde, die ja zum Trösten von weit her angereist sind, sich zum Bundesgenossen Satans verführen lassen. Das wird sich noch in den folgenden Kapiteln zeigen. Die Dispute, die endlosen geistlichen Gespräche, die insgeheim oder offen ausgesprochenen Anschuldigungen müssen Hiob im Innersten verletzen und seine Kraftreserven aushöhlen. Eliphas, Bildad und Zophar haben sich der Mühe unterzogen, Hiob zu trösten und ihm Beistand zu leisten; aber, o welch eine schauderhafte Ironie des Schicksals, sie lassen sich vom Teufel mißbrauchen und werden zu Peinigern ihres schon genug gequälten Freundes. Ob uns diese Tatsache in Angst versetzt?

Lamparter schreibt in seinem Kommentar zu dieser Textstelle: „Nicht nur wer übel will, dreht ja des Satans Mühle, auch der Wohlmeinende ist keineswegs dagegen gesichert, daß er nicht ihm mit seinem besten Bemühen in die Hände arbeitet."

Für die Wahrheit dieses Satzes sind die drei Freunde ein warnendes Zeichen. Das Kesseltreiben gegen Hiob kommt jetzt erst recht in Gang. Zunächst sitzen sie sieben Tage und sieben Nächte stumm bei ihrem Freund. Dann aber bricht Hiob mit einem herzzerreißenden Schrei ihr langes Schweigen. Nun ist auch bei den drei Freunden der Damm gebrochen. Sie können ihre Empfindungen, Meinungen und Ansichten in bezug auf Hiob nicht länger zurückhalten und lassen sich in ein geistliches Streitgespräch ein, das in Rede und Gegenrede seinen Fortgang nimmt.

Solange auf dieser Erde gelitten wird, verstummt auch nicht die Diskussion darüber, wer denn an all dem Elend schuld sei. Diese Fragestellung wäre ja auch nicht anstößig, aber wenn die Auseinandersetzung dahin führt, daß dem Leidenden noch größere Qualen zugemutet werden, dann ist eine solche Diskussion nicht mehr zu rechtfertigen. Es ist im Grunde erschütternd, wie die drei Freunde, die ja zum Trösten gekommen sind, sich nun von Satan zu seinen Mitspielern gebrauchen lassen.

Diesen Werdegang sollten wir verfolgen und uns selbst fragen: Wie verhält es sich mit unserem Trost, mit unserem Zuspruch? Sollten wir nicht lieber schweigen, als mit schnellen Antworten oder Patentrezepten die Not des schon genug Geplagten vergrößern? Aber Gott will trösten. Das bezeugen uns viele Lebensgeschichten von Christen. Seine Augen wachen über den Leidenden und Angefochtenen.

Hiobs Klage

Hiob 3,1-26 *lesen*

Sieben lange Tage und sieben lange Nächte haben die Freunde bei Hiob ausgeharrt, ohne daß ein Wort über ihre Lippen kam. Auch Hiob ist so tief vom Schmerz ergriffen, daß sein Mund vor lauter Qual verstummt ist. Aber nun bricht er das Schweigen. Es ist wie bei einer dunkel verhangenen Wolkenwand, wo plötzlich der erste Blitzstrahl den Himmel aufreißt und das Unwetter seinen Lauf nimmt. Wie ein gewaltiger, schauriger Donner hallt nun das Wehgeschrei zu den Freunden herüber. Hiob kann nun nicht mehr länger seinen Gram verbergen, er kann nicht mehr auf seine Umgebung Rücksicht nehmen, er muß seinem Herzen Luft machen, sonst drückt ihm der Schmerz die Luft zum Atmen ab. Sein Fluch gilt aber nicht Gott, er trifft auch nicht seine Mitmenschen; Hiob verflucht den Tag seiner Geburt. In einer Vielzahl von treffenden Bildern verwünscht er die Stunde, da er das Licht der Welt erblickt hat. Gräßlich ist die Nacht und schaurig der Tag, als es hieß: Ein Sohn ist geboren. Dunkelheit, ja Finsternis möge ihn decken. Die Freude, die sonst bei der Geburt eines Kindes anbricht, hätte sofort auf der Stelle verstummen müssen, wenn man des Elends gedenkt, das ihm beschieden ist.

„Ach, wenn ich doch bloß im Mutterleibe hätte bleiben können", denkt er, „für immer und ewig, mir wäre jetzt wohler zumute. Ich hätte nicht mit eigenen Augen mein Verderben sehen und den namenlosen Jammer hören müssen. Vor mir hat noch nie ein Mensch solch Herzeleid ertragen."

Ergreifender und erschütternder hat noch nie in der

Geschichte ein Gequälter sein Leid in Worte gefaßt. Ängstlich müssen wir uns als Bibelleser fragen: Darf denn ein Frommer solche Verwünschungen und Flüche ausstoßen und seinen Leidenschaften hemmungslos freien Lauf lassen?

Auch mich hat dieses dritte Kapitel betroffen gemacht. Ja, ich habe lange überlegt, ob ich denn dieses Kapitel überhaupt auslegen darf. Dieser Textabschnitt führt uns in abgründige Tiefen hinein. Wer den Tag seiner Geburt verflucht, rüttelt im aufbäumenden Schmerz am Fundament seines Daseins und beschwört die Gefahr herauf, daß es zum Einsturz kommt. Wer aber Hiob richtig kennenlernen will, muß auch diese schauerlichen Worte lesen, nein, nicht nur lesen, er muß sie betrachten, sich hineinversenken, so lange darüber nachsinnen, bis Hiob selber zu einem spricht. Wer den Fehler begeht und nur hier und da einige Verse herauspickt oder nach erbaulichen Gedanken sucht, wird ins Leere greifen und am eigentlichen vorbeidenken. Die Klage dieses Mannes sollte uns betroffen machen. Die namenlose Traurigkeit sollte uns unter die Haut gehen, ja wir müssen sein gequältes Antlitz vor uns sehen, es anblicken, bis es zu reden beginnt. Dies ist kein Kapitel, das uns nur erbaut, es macht uns zutiefst betroffen und führt uns an die Abgründe des Lebens. Die Leiden dieses Frommen durchwühlen unsere Seele, wenn wir dieses Geschehen an uns heranlassen.

Gegen seinen Willen wird ihm eine Zentnerlast auferlegt, unter der er zusammenbricht. Hart ist seine Rede, unmißverständlich. Von all den Leidenschaften durchdrungen geht sein Blick in die Tiefe, und was er zu ertragen hat, treibt ihn ins Entsetzen. Sein Elend ist so groß, er kann es gar nicht ausloten. Wie von scharfen Pfeilen getroffen, schreit er laut auf. Seine Verzweiflung ist grenzenlos.

Walter Nigg schreibt dazu: „Da brechen die Tiefen des Menschen auf, und es kommt zu einem anstößigen Hadern mit Gott, von dem in den üblichen Gebetbüchern nichts zu lesen ist. In der gespannten Seele des Geplagten reißen die

Saiten. Mit schauerlichen Worten verflucht er den Tag seiner Geburt, und seine Verwünschungen dröhnen dermaßen entsetzlich, daß sie den Ohren weh tun. Das Leben, das höchste von Gott erhaltene Geschenk des Menschen, verwünscht er in allen Tonarten, so unerträglich war es für ihn geworden. ,Der Tag müsse verloren sein, darin ich geboren bin, und die Nacht, da es hieß: Ein Knabe ist empfangen. Warum bin ich nicht gestorben von Mutterleib an? Warum bin ich nicht verschieden, da ich aus dem Leibe kam?'

Wer aber könnte es wagen, einen solchen gequälten Mann wie Hiob zu beschuldigen? An Hiob wird deutlich, daß Gottes Erbarmen immer noch größer ist als menschliche Verzweiflung. Seine Liebe hält es aus, daß Hiob ihm den Fluch und die Klage ins Gesicht schleudert. Gottes Geduld ist grenzenlos. Gott kann warten, lange warten, bis auch ein Hiob voll innerer Ergriffenheit sagen lernt: „Ich weiß, daß mein Erlöser lebt!“

Aber hier in diesen Versen bäumt sich Hiob schmerzvoll auf und flucht. Ist dies noch der gleiche Hiob, der nach dem Raub seiner Güter, nach dem entsetzlichen Verlust seiner sieben Söhne und drei Töchter beten konnte: „Der Herr hat's gegeben, der Herr hat's genommen, der Name des Herrn sei gelobt.“ Da kam noch kein Murren über seine Lippen.

Aber so schrecklich sich auch das Wehgeschrei Hiobs anhört, so muß man doch festhalten: Hiob lästert hier nicht Gott, sondern verflucht immer nur den Tag seiner Geburt. Zerstört diese Klage unser Bild von einem gottesfürchtigen, frommen Menschen? Oberflächlich betrachtet müssen wir zugeben: Ja! Aber eigentlich ist es doch so, daß Hiob nie ein Wort verlauten läßt, daß er sich das Leben nehmen will, dieses so einzigartige Geschenk des Schöpfers. Er will nicht aus diesem qualvollen Dasein aussteigen und Hand an sich legen, wie das heute in unserem Land jedes Jahr mehr als 20 000 Bürger machen. Noch immer lebt Hiob in der Gottesfurcht, und darin unterscheidet sich Hiob von einem Atheisten oder Nihilisten. Es ist uns auch verwehrt, daß wir

68

ihm seine Klage und seinen Fluch übelnehmen. Dieses Urteil steht uns nicht zu. In aufrichtiger Weise tut Hiob das, wozu uns der Psalmist ermutigt: „Schüttet euer Herz vor Gott aus, liebe Leute!"

Hiobs Herz hat sich an den vielen Plagen wundgerieben. Er muß den Tag verfluchen und sein Leid hinausschreien. Wie nahe kommt uns Hiob selbst, wenn wir von Schicksalsschlägen gerüttelt und geschüttelt werden. Hiob ist kein Heiliger, der unangefochten über uns thront. Nein, er ist ein Mensch von Fleisch und Blut, der aber noch im Leid seinem Gott begegnet. Darin liegt für uns der Trost.

Ich lasse Sören Kierkegaard, den großen dänischen Philosophen und Theologen, zu Wort kommen. Besser kann man dieses Kapitel nicht kommentieren:

„Hiob! Hiob! Hiob! Sagtest du wirklich nichts anderes als die schönen Worte: Der Herr hat's gegeben, der Herr hat's genommen, der Name des Herrn sei gelobt! Sagtest du kein Wort mehr? Wiederholtest du fortwährend in deiner ganzen Not bloß das? Warum schwiegst du sieben Tage und sieben Nächte, was ging da in deiner Seele vor? Als die ganze Existenz zusammenstürzte und wie Tonscherben um dich herumlag, hattest du da gleich die übermenschliche Fassung, hattest du da gleich die Erklärung der Liebe, den freien Mut der Zuversicht und des Glaubens? ... Nein, du, der du in den Tagen des Glücks das Schwert der Unterdrückten warst, der Stab des Greises, der Stecken der Gebeugten, du ließest die Menschen nicht im Stich, als alles zerbrach – da wurdest du der Mund der Leidenden und der Ruf der Zerschmetterten und der Schrei der Geängsteten, und eine Linderung für alle, die in Qual verstummten, ein treuer Zeuge all der Not und Zerrissenheit, die in einem Herzen wohnen kann, ein unwandelbarer Fürsprecher, der es wagt, zu klagen in der Bitterkeit der Seele und mit Gott zu streiten.

Warum verbirgt man das? Wehe dem, der Witwen und Waisen auffrißt und sie um ihr Erbe betrügt, aber wehe auch dem, der den Trauernden hinterlistig um den vorläufigen

Trost der Trauer betrügen will: seinem Herzen Luft zu machen und mit Gott zu hadern. Oder ist vielleicht die Gottesfurcht in unserer Zeit so groß, daß der Trauernde dessen nicht bedarf, was in jenen alten Tagen Brauch war? Wagt man es vielleicht nicht, vor Gott zu klagen?

Darum rede du, unvergeßlicher Hiob! Wiederhole alles, was du sagtest, gewaltiger Fürsprecher, der du vor dem Richterstuhl des Höchsten erscheinst, unerschrocken wie ein brüllender Löwe ...

Dich brauche ich, einen Menschen, der so laut klagen kann, daß es in den Himmeln widerhallt, wo Gott sich mit dem Satan beratschlagt, um Pläne gegen einen Menschen zu machen! Klage, der Herr fürchtet sich nicht, er kann sich wohl verteidigen; aber wie könnte er sich verteidigen, wenn keiner zu klagen wagt, wie es einem Menschen geziemt!

Rede, erhebe deine Stimme, rede laut, Gott kann doch lauter sprechen, er hat ja den Donner — und auch der ist eine Antwort, eine Erklärung, zuverlässig, treu, ursprünglich, eine Antwort von Gott selbst, die, selbst wenn sie einen Menschen zerschmetterte, herrlicher ist als aller Stadtschwatz und alles Reden von der Gerechtigkeit, der Weltlenkung, erfunden von menschlicher Weisheit, verbreitet von alten Weibern und Halbmännern.

Mein unvergleichlicher Wohltäter, geplagter Hiob! Darf ich mich deiner Gemeinschaft anschließen, darf ich auf dich hören? Stoße mich nicht fort, ich stehe nicht verräterisch an deinem Herde, meine Tränen sind nicht falsch, wenn ich nicht einmal mit dir weinen kann ..."

Nach Aussage von Sören Kierkegaard ist Hiob „der Mund der Leidenden, der Ruf der Zerschmetterten, der Schrei der Geängstigten, der treue Zeuge und unwandelbare Fürsprecher all der Not und Zerrissenheit, die in einem Herzen wohnen kann." Hiob ist unser Trost, denn er hat das, was uns innerlich so zerreißt, in Worte fassen können. So müssen auch wir in unserem Leid nicht stumm bleiben, sondern dürfen unsere Klagen und Schmerzen mit Worten von Hiob vor Gott bringen. Ist das nicht ein Zeichen von

Vertrauen, das der Herr zu uns hat, daß er sich nicht über uns empört oder uns gar verwirft, sondern unser Schreien annimmt, es aushält und für uns einen Ausweg ersinnt? Im Wort „Trost" ist schon die Hilfe mit eingeschlossen.

Wenn Hiob klagen und sein Elend im Schoß Gottes loswerden kann, dann können auch wir Mut gewinnen, es ihm gleichzutun. Die Hilfe liegt nicht in der Härte, sondern in der Hinwendung zu Gott.

Ich erlebte einmal den Aufschrei einer Mutter, als der Vater nach einem Unglück vom Unfallort ihres getöteten Kindes nach Hause kam und ihr die zerschmetterte Uhr der Tochter in die Hand gab: „So, jetzt müssen wir hart sein! Gertrud, hör auf zu heulen."

Auf diese Weise kann Trauerarbeit nicht geleistet werden, sondern es gilt, die Warnung Kierkegaards zu hören. Leidtragende darf man nicht um die Zeit und Art und Weise ihrer Trauer betrügen. Wie sollen sonst Wunden heilen? Ein geliebter Mensch darf, ja soll sogar beweint werden. Der Schmerz muß sich ein Ventil schaffen, sonst wird der Mensch von Unglück erdrückt. Bei Dostojewskij fand ich eine wunderschöne Geschichte, wie Menschen in ihrem Schmerz Trost suchen können und ihn auch finden. Im alten Rußland gab es weise Männer. Sie wurden Starzen genannt, lebten in der Nähe von Klöstern oder zogen wie Wanderprediger durch das Land. Ihre Frömmigkeit hatte eine gewaltige Ausstrahlung. Sie wurden wie Heilige verehrt und genossen das Vertrauen der Gläubigen. Sie besaßen die Gabe, direkt die Seele und die Lasten des anderen zu übernehmen. Wer zu einem Starzen kam, verpflichtete sich, seinen Rat anzunehmen und ihm völlig gehorsam zu sein. Aber dafür empfing er auch das Heil und die Heilung. Er durfte immer auf ein Wunder für seine Seele und seinen Leib hoffen.

Eines Tages kam eine noch gar nicht alte, aber doch sehr hagere und ausgemergelte Frau zu einem Starzen. Ihr Gesicht war von der heißen Sonne fast schwarz gebrannt. Sie lag vor ihm auf den Knien, blickte ihn erwartungsvoll an, und in ihren Augen spiegelte sich ein geradezu ekstatischer Ausdruck wider.

„Von weither, Väterchen, von weither, dreihundert Werst weit bin ich angereist", und dabei wiegte sie ihren Kopf von einer Seite auf die andere. Ihr Reden kam einer Klage gleich, und sie stützte ihren Kopf in ihre Hände. Dazu bemerkte Dostojewskij: „Es gibt im Volk ein stummes, vielgeduldiges Leiden; es verschließt sich in sich selber und schweigt. Doch es gibt ein Leid, das aus sich herausdrängt, es bricht unter Tränen hervor und geht von dem Augenblick an in ein klagendes Gemurmel über. Das ist besonders bei Frauen so. Es ist aber nicht leichter als das stumme Leid. Dieses Klagen erfährt nur dadurch Linderung, daß es das Herz mehr aufwühlt und zerreißt. Solch ein Leid will auch gar keinen Trost, es nährt sich von dem Gefühl seiner Unstillbarkeit. Das Klagen entspringt nur dem Bedürfnis, die Wunde immerfort aufzureißen."

Und so beginnt diese verhärmte und ausgezehrte Frau mit ihrer Geschichte: „Dich zu sehen, Vater, bin ich gekommen. Wir haben von dir gehört, Väterchen, ja, gehört. Mein kleines Söhnchen habe ich begraben, dann ging ich wallfahren ... und so bin ich heute zu Euch gekommen."

„Worüber weinst du denn?"

„Um mein Söhnchen ist es mir leid, Väterchen, dreijährig war es, nur drei Monate noch, dann wäre es drei Jahre alt gewesen. Um mein Söhnchen leide ich Qualen, Vater, um mein Söhnchen ... Vier haben wir gehabt, aber die Kinderchen blieben nicht. Diesen letzten habe ich begraben und kann ihn nicht vergessen. Es ist mir, als ob er hier vor mir stünde und nicht von der Stelle wiche. Die Seele hat es mir ausgedörrt. Wenn ich auf seine kleine Wäsche blicke, auf seine Hemdchen oder seine Stiefelchen, da fange ich an zu weinen. Ich breite vor mir aus, was von ihm zurückgeblieben ist, jegliches Ding von ihm, sehe es an und weine. Ich sage zu Nikituschka, meinem Mann: ‚Laß mich fort, Hausherr, laß mich wallfahren gehen.' Fuhrmann ist er, und wir sind nicht arm ... Doch was nützt uns jetzt die Habe? Zu

trinken hat er angefangen, seit ich weg bin, mein Nikituschka, das ist gewiß so: Kaum wende ich mich ab, wird er
auch schon schwach. Jetzt aber denke ich nicht mehr an
ihn. Nun bin ich schon den dritten Monat von zu Hause
fort. Vergessen habe ich ihn, habe alles vergessen und mag
nicht daran zurückdenken; was soll ich auch jetzt mit ihm?
Schluß gemacht habe ich mit ihm, mit allem Schluß
gemacht. Nicht einmal anblicken möchte ich jetzt mein
Haus und meine Habe, und ich möchte überhaupt nichts
mehr sehen."

„Hör zu, Mutter", sagte der Starez, „einmal in uralten
Zeiten erblickte ein großer Heiliger im Tempel eine Mutter,
die ebenso weinte wie du, und sie weinte gleichfalls um ihr
kleines Kind, um ihr einziges, das Gott auch zu sich gerufen
hatte. ,Weißt du denn nicht', sprach zu ihr der Heilige, ,wie
keck diese Kinder sind vor dem Throne Gottes? Ja, es gibt
sogar niemanden im Himmelreich, der kecker ist als sie.
Du, Herr, schenktest uns das Leben, sagen sie zu Gott, und
kaum hatten wir es erschaut, nahmst du es uns schon wieder. Und sie bitten und flehen so keck, daß der Herr ihnen
sogleich den Rang von Engeln verleiht. Und darum', sprach
der Heilige, ,freue auch du dich, Weib, statt zu weinen.
Auch dein Kindlein weilt jetzt bei Gott dem Herrn in uralten Zeiten. Er war jedoch ein großer Heiliger und hätte es
nicht vermocht, ihr die Unwahrheit zu sagen. Darum wisse,
Mutter, daß auch dein Kindlein jetzt gewißlich vor dem
Throne Gottes steht und sich freut und fröhlich ist und bei
Gott Fürbitte tut für dich. Und darum weine auch du nicht,
sondern freue dich."

Die Frau hörte ihm zu, die Wange auf die Hand gestützt
und den Blick zu Boden gesenkt. Sie seufzte tief auf . . .

„Wenn ich doch ein einziges Mal auf meinen Sohn blik-
ken könnte, nur ein einziges Mal ihn kurz anblicken
könnte, ich würde noch nicht einmal zu ihm hingehen,
nichts sagen, würde mich in einen Winkel verkriechen,
wenn ich nur ein einziges Augenblickchen ihn sehen, ihn
hören könnte, wie er auf dem Hofe spielt oder, wie so

manchmal, herbeikommt und mit seinem Stimmchen ruft: ‚Mütterchen, wo bist du?' Wenn ich nur ein einziges kurzes Mal nun hören könnte, wie er mit seinen Füßchen durch das Zimmer geht, ein einziges kurzes Mal nur, und mit seinen Füßchen trapp-trapp macht, und so rasch geht das, so rasch. Ich erinnere mich noch, wie er so manchmal zu mir gelaufen kam und schrie und lachte. Wenn ich nur seine Füßchen hören könnte, ich würde ihn erkennen! Aber er ist nicht mehr, Väterchen, er ist nicht mehr, und ich werde ihn nie mehr hören! Hier ist sein Gürtelchen, er selber aber ist nicht mehr da, und nie mehr werde ich ihn sehen, nie hören!"

Sie holte einen kleinen mit Borten besetzten Gürtel ihres Bübchens hervor, den sie unter dem Kleid am Busen trug, und kaum hatte sie ihn angeblickt, brach sie auch schon in ein Schluchzen aus, daß es sie nur so schüttelte, bedeckte mit den Händen ihre Augen, und die Tränen sprudelten plötzlich wie Bächlein zwischen den Fingern hervor. „Es ist", sagte der Starez, „es ist wie in uralten Zeiten: ‚Rahel beweint ihre Kinder und wollte sich nicht trösten lassen, denn es war aus mit ihnen.' So ist nun einmal das Los, das euch Müttern auf Erden beschieden ist. Tröste dich also nicht, du brauchst dich nicht zu trösten, tröste dich nicht und weine, nur rufe dir jedesmal, wenn du weinst, fest ins Gedächtnis, daß dein Söhnchen einer von den Engeln Gottes ist, von dort auf dich herniederschaut und dich sieht, sich über deine Tränen freut und Gott den Herrn auf dich hinweist. Und noch lange wird dir dieses mütterliche Weinen auferlegt sein, doch schließlich wird es sich wandeln in eine stille Freude, und deine bitteren Tränen werden dann Tränen einer stillen Rührung sein und einer Läuterung des Herzens, die vor Sünden bewahrt. Deines Kindleins aber will ich in meinem Gebet gedenken, auf daß Gott seiner Seele Ruhe schenke ...

Gehe zu deinem Mann und habe Nachsicht mit ihm. Wenn dein Knäblein von droben sieht, daß du seinen Vater im Stich gelassen hast, wird es weinen über euch. Warum störst du seine Seligkeit? Er lebt ja, er lebt, denn die Seele ist lebendig in alle Ewigkeit, und wenn er auch nicht in eurem Haus ist, so ist er doch unsichtbar bei euch. Wie aber soll er in euer Haus kommen, wenn du sagst, daß dich Haß ergriffen hat gegen dein Haus? Zu wem soll er denn gehen, wenn er euch, den Vater und die Mutter, nicht beisammen findet? Siehst du, er erscheint dir jetzt im Traum, und du quälst dich, dann aber wird er dir sanfte Träume senden. Geh zu deinem Manne, Mutter, heute noch gehe zu ihm!" (Aus dem Buch „Die Brüder Karamasow" von Fjodor Dostojewskij.) Aus diesem Gespräch des Starzen mit der weinenden Frau können wir lernen, wie rechte Trauer aussieht.

Oft ist es schon geschehen, daß man vor Beerdigungen den Angehörigen Spritzen, Pillen und Tropfen verabreicht. Sicher ist dies in einigen Fällen auch nötig. Aber der Schmerz kommt nach der Betäubung wieder, und dann muß er allein und ohne Beistand der Mittrauernden verkraftet werden. Und dies ist viel schwerer. Es gibt so viel billigen, schnellen, falschen Trost, der den Eindruck erwecken soll, als könne man so dem Leidtragenden helfen. Aber Hiob lehrt uns das Gegenteil. Er leidet in einer kaum zu erahnenden Tiefe, und er findet die Kraft und den Mut, alles hinauszuschreien. An diesem Menschen wird deutlich, daß die üblichen Trostformeln der Frommen nicht bis an sein verwundetes Herz reichen. Er muß seinen Schmerz wie ein waidwundes Tier hinausbrüllen, daß unsere Ohren davon erreicht werden und das Gewölbe des Himmels von seinem Echo widerhallt: „Warum bin ich nicht gestorben von Mutterleib an? Warum bin ich nicht verschieden, da ich aus dem Mutterleib kam?

Warum hat man mich auf den Schoß gesetzt? Warum bin ich mit Brüsten gesäugt? Warum ist das Licht gegeben dem Mühseligen und das Leben den betrübten Herzen, die des Todes warten, und er kommt nicht, und grüben ihn wohl aus dem Verborgenen. Denn wenn ich essen soll, muß ich seufzen, und mein Heulen fährt heraus aus mir wie Wasser.

Denn was ich gefürchtet habe, ist über mich gekommen, und was ich sorgte, hat mich getroffen.

War ich nicht glücklich? War ich nicht fein stille? Hatte ich nicht gute Ruhe? Und es kommt solche Unruhe!"

Hier in unserem Text reiht sich ein Warum an das andere, wahrhaftig ein gräßlicher und schmerzhafter Stachel im Innern der Leidenden. Auf das Warum des Menschen gibt es keine befriedigende Antwort. Es gibt Fragen, die nur neue Fragen gebären.

Auch ein Hiob fragt sich: Warum muß gerade mich das Unglück treffen? Hätte mir das Elend nicht erspart werden können? Warum mußte ich nur geboren werden, wenn die drückende Last mich zusammenbrechen läßt? Ich keuche, ich schinde, ich quäle mich unter der Bürde der Lasten, und mit der Länge der Tage verschlimmert sich mein seelischer Zustand. Ich sehe die Toten, sie ruhen in der Stille der Gräber und sind zu beneiden. Ja, ich wäre froh, wenn ich wie eine unzeitige Geburt gar nicht erst das Licht der Welt erblickt hätte, sondern irgendwo in der Erde läge.

Hiob verlangt nur noch nach diesem einen: Er will Ruhe, Frieden, Geborgenheit. Er findet viele treffende Worte, um das Land der Toten und ihre Herrlichkeit zu beschreiben. Dort im Reich des Todes verstummt die Stimme des Drängers, dort gibt es Freiheit. Die Macht der brutalen Herrscher und Mächtigen ist gebrochen, und die Versklavung hat ein Ende gefunden. Alles schläft und ruht in Frieden, so wie es an vielen Grabsteinen eingemeißelt ist: „Ruhe in Frieden."

Unwillkürlich werden wir an Hebräer 4,9 erinnert: „Es ist noch eine Ruhe vorhanden für das Volk Gottes."

Aber zwischen Hiob 3 und Hebräer 4 besteht ein gravierender Unterschied.

Hiob wünscht sich Totenstille und Grabesruhe, der Schreiber des Hebräerbriefes aber weist uns auf die gewaltige Tat Jesu am Ostermorgen hin. Christus hat dem Tode die Macht genommen und uns somit den Zugang zur Ewigkeit geschaffen. Alle, die an Jesus glauben, dürfen an der Herrlichkeit im Himmel teilhaben. Einmal in der neuen Welt Gottes dürfen die Gläubigen Jesus in seiner Schönheit sehen und werden ihm gleich sein. Das ist für uns alle, die noch an der Vergänglichkeit leiden, unbegreiflich und doch wahr. Die Zukunftshoffnung gibt uns Kraft, alle Widerwärtigkeit zu ertragen. Die Gabe des ewigen Lebens ist uns gewiß. Sören Kierkegaard hat ein bedeutsames Wort auf sein Grabmal einmeißeln lassen: „Nur eine kurze Zeit, dann ist's gewonnen, dann ist der ganze Streit in Nichts zerronnen; dann darf ich laben mich an Lebensbächen und ewig, ewiglich mit Jesus sprechen."

Dies ist die wunderbarste, herrlichste Tat, die Jesus für uns vollbracht hat: die Auferstehung.

Aber Hiob ist diese Schau der Auferstehung noch verborgen. Er fühlt sich zum Leben verdammt, und er leidet unter der Knute des Satans. Sie hat ihn so weit gebracht, daß er völlig am Ende ist und sein Dasein nur noch als Belastung versteht. Ihm wäre wohler, wenn er für immer seine Augen schließen könnte. In diese Ausweglosigkeit und Enge hat ihn der Teufel getrieben. Wie soll er denn noch leben, wenn ihm das Dasein verleidet und das Sterben verwehrt ist? Lamparter schreibt dazu: „Man könnte die Klage Hiobs mit einem Wildbach vergleichen, der immer mehr anschwillt und zuletzt zum breiten Strom geworden ist. Sie weitet sich aus, diese Warumfrage, und umgreift zuletzt alle Mühseligen und Beladenen auf Erden, die gleich ihm den Tod sehnlich herbeiwünschen und am liebsten heute schon unter ihrem stummen Hügel lägen."

Hiob ist nur noch Dunkel, Schmerz, Seufzen, Stöhnen, Qual verblieben, und so bleibt er weiter auf seinem grauen Aschenhaufen sitzen und schabt sich seine juckenden Wunden mit einer Scherbe. Der Friede Gottes hat ihn verlassen, und Satan hat von ihm mit seiner zerstörerischen Macht Besitz ergriffen.

Wer würde an dieser Stelle nicht auch an Jesus erinnert, der auf Golgathas Hügel am Kreuz hängt und über die gaffende Menschenmenge hinweg schreit: „Mein Gott, mein Gott, warum hast du mich verlassen?"

Und doch hatte Gott an diesem Karfreitag, als die Sonne ihren Schein verlor, den hellen aufstrahlenden Ostermorgen im Blickfeld. Jesus wird nicht im Tode bleiben, sondern er wird auferweckt und leben. Das ist Glauben, das ist Zuversicht, das ist Hoffnung für uns Christen.

Johannes Busch, dieser so gesegnete Jugendpfarrer, berichtet, wie er in schweren Anfechtungen getröstet wurde. Er sprach auf dem Kirchentag in Stuttgart kurz nach dem Krieg. Der Abend war schon hereingebrochen, und die schwarzen, grauen Ruinen des neuen Schlosses boten eine beängstigende, ja bedrückende Kulisse, vor der er die Ansprache zu halten hatte. Die Fassade war herabgebröckelt, alles sah trostlos aus. In die leeren, gähnenden Fensterlöcher waren Fackeln gesteckt, die sie gespenstisch erleuchteten.

Diese schreckliche Zerstörung der Stadt durch den Bombenabwurf im Zweiten Weltkrieg wurde zum Bild für die Schwere des Leids, die der Pfarrer zu tragen hatte. Wenige Wochen zuvor war mitten aus seiner großen Kinderschar seine geliebte Frau durch den Tod hinweggerafft worden, und angesichts der verheerenden Leere, die er empfand, rief er in die Menge der Kirchentagsbesucher hinein: „Wenn ich manchen Morgen aufwache, dann stehen die Sorgen und Trauergeister wie eine dichte Mauer um mein Bett. Sie wollen mir allen Mut für den Tag nehmen. Und dann rufe ich:

> ‚Weicht, ihr Trauergeister!
> Denn mein Freudenmeister, Jesus, tritt herein.
> Denen, die Gott lieben,
> muß auch ihr Betrüben
> lauter Freude sein.‘

Und dann kann ich mit Jesus den Tag beginnen."

Gott verletzt und verbindet

Hiob 4,1-7 und 5,8-18

Der behutsame Rat eines Freundes

Wie ein Arzt, der sich fürsorglich um einen Todkranken müht, so versucht hier Eliphas, wahrscheinlich der erfahrenste und weiseste der drei Freunde, Hiob zu trösten. Er hat ja bei Hiob ausgeharrt und sein Weinen und Klagen vernommen, still und ohne Aufhebens. Aber nun fühlt er sich gedrängt, ein Wort in die notvolle Situation hinein zu sagen. Es ist ein persönlicher, seelsorgerlicher Rat, den er seinem Freund gibt. Er weiß, daß Hiob im Augenblick nicht danach zumute ist, Ratschläge anzunehmen, denn er kann sein Leid noch gar nicht begreifen. Nach all dem schrecklichen Geschehen ist Hiob noch zu sehr verwundet.

So knüpft Eliphas behutsam an die Taten an, wodurch Hiob anderen in ihrem Leid hat beistehen können. Es gibt nichts Schöneres, als daß von einem Menschen gesagt werden kann: Du hast viele in den Geboten Gottes unterwiesen, Gestrauchelte wieder aufgerichtet und Verzweifelte gestärkt. Hiob ist für seine Umgebung ein beredtes Zeugnis, wie Menschen aus der Liebe zu Gott heraus dienen und helfen können. Hiob lebt nicht für sich selbst und hat auch nie eigensüchtige Ziele verfolgt. Die Not eines Nächsten hat er zu seiner eigenen Not gemacht. Später in Kapitel 31 beschreibt Hiob sein Handeln, indem er fragt:

„Habe ich den Dürftigen ihr Begehren versagt und die Augen der Witwen lassen verschmachten?

Habe ich meinen Bissen allein gegessen und habe nicht den Waisen auch davon gegeben? Denn ich habe mich von

Jugend auf gehalten wie ein Vater, und von meiner Mutter Leib an habe ich gerne getröstet.

Habe ich jemand sehen umkommen, daß er kein Kleid hatte, und den Armen ohne Decke gehen lassen?

Haben mich nicht gesegnet seine Lenden, da er von den Fellen meiner Lämmer erwärmt wurde?

Habe ich mich gefreut, daß ich großes Gut hatte und meine Hand allerlei erworben hatte? Habe ich mich gefreut, wenn's meinem Feind übel ging, und habe ich mich überhoben, weil ihn Unglück befallen hatte?

Denn ich ließ meinen Mund nicht sündigen, daß ich verwünschte mit einem Fluch seine Seele.

Draußen mußte der Gast nicht bleiben, sondern meine Tür tat ich dem Wanderer auf."

Welchen Einsatz hat Hiob geleistet, wenn es darum ging, sich um Gestrandete, Witwen, Waisen und Fremdlinge zu kümmern! Seinen Reichtum hat er für Bedürftige eingesetzt. Alle diese Wohltaten führt ihm Eliphas vor Augen.

Es gibt nichts Schöneres, als daß von einem Menschen gesagt werden kann: Du hast viele in den Geboten Gottes unterwiesen, Entmutigte im Glauben gestärkt, Gestrauchelte wieder aufgerichtet und Verzweifelten Hoffnung gegeben.

Von Ellen will ich erzählen. Ich hatte Dienst in der Telefonseelsorge, und es schien ein ruhiger Abend zu werden. In drei Stunden hatte das Telefon nur ein einziges Mal geläutet. So nutzte ich die Zeit, vertiefte mich in die Biographie von Erika Mann, überflog noch einmal die Losung und las mehrere Kapitel aus dem Buch des Propheten Jesaja. Seine tröstenden Worte taten mir wohl. Besonders Jesaja Kapitel 40 hatte es mir angetan. Gott sagt zu, daß er selbst sein Volk wie eine Schafherde weiden will. Die Lämmer will er in seine Arme sammeln und an seinem Busen tragen. Die Schafmütter aber will er auf die Weiden führen. Ein herrliches Bild, wie Gott als der gute Hirte für seine Leute sorgt. In der Bedrohung dieser Welt darf die Herde bei Gott Schutz finden. Das, was schwach, zart, verletzlich ist, hebt er auf in seine Arme. An seinem Herzen nimmt die Herde Wärme und Fürsorge wahr.

Noch sinne ich über diese Verse, als plötzlich das Telefon klingelt.

„Ich muß mit jemandem reden", klagt eine junge Frau. „Ich halte die Spannung nicht mehr durch. Ich bin so verzweifelt, ich heule und heule."

Es fällt mir schwer, ihre Worte zu verstehen. Ihr Schluchzen unterbricht immer wieder ihr Reden. „Weinen Sie sich erst mal richtig aus. Tränen sind auch eine gute Gabe Gottes. Ich habe Zeit, viel Zeit sogar. Sie können mir alles erzählen, was Sie bedrückt und so unglücklich macht."

Stotternd beginnt die Anruferin: „Mein Freund hat mich im Stich gelassen. Es ist aus zwischen uns, aus für alle Zeiten. Eigentlich will ich ja meinen Freund los sein, schon lange. Aber jetzt, da er weggegangen und der Trennungsstrich endgültig vollzogen ist, merke ich, daß ich nicht mehr von ihm loskomme. Es schmerzt mich sehr. Wir haben zwei Jahre zusammen gelebt. Gewiß, die letzten Monate waren konfliktreich. Wir haben uns oft gezankt, und einmal hat er mich sogar geschlagen. Hinterher tat es ihm leid, daß er so brutal zu mir war. Er schob seine Unbeherrschtheit auf den Alkohol.

Eigentlich wollte ich nie einen Alkoholiker zum Freund haben, und dann bin ich doch an Christoph geraten. Er ist sonst nett, sehr nett sogar, wenn er nüchtern ist. Vor allen Dingen zärtlich. Er versteht meine Gefühle. Aber leider schaut er gerade an den Wochenenden zu tief ins Glas, und dann ist der Streit da. Ich habe ihm immer wieder verziehen, und ich bin sicher auch nicht die beste Partie für ihn. Ich leide oft unter großen Ängsten und bin depressiv geworden. Der Nervenarzt hat mir Beruhigungstabletten und Antidepressiva verschrieben. Sie sollten mein Gemüt aufhellen. Aber man kann doch nicht ewig Pillen schlucken. Der Arzt kann mein Krankheitsbild auch nicht recht einordnen. Er hat mir einmal klipp und klar gesagt: ‚Gehen Sie doch mal zu Ihrem Pfarrer und sprechen Sie mit ihm, vielleicht kann er Ihnen helfen.'"

„Wie war denn Ihre Kindheit?" frage ich dazwischen.

„Ja, eigentlich war sie schön, zumindest die erste Zeit. Ich bin nämlich bei meiner Omi aufgewachsen. Ich habe sie sehr geliebt. Sie war, glaube ich, die beste Oma der Welt. Immer wenn ich an sie erinnert werde, spüre ich jetzt noch ihren Kuß auf meiner Wange. Wie oft saß ich auf ihrem Schoß, kuschelte mich an ihre Seite und hörte ihren spannenden Geschichten zu. Es waren meist biblische Geschichten. Aber kurz bevor ich in die Schule kam, starb sie. Ihren Tod habe ich nicht fassen können. Es gab mir immer einen Stich ins Herz, wenn ich sah, daß sie nicht mehr bei mir war. Lange habe ich gedacht, sie sei bloß verreist, und manchmal habe ich sie auch in der Wohnung gesucht, aber sie war weg und blieb weg, meine liebste Omi. Ihr Tod hat bei mir eine tiefe Wunde gerissen, und ich dachte, sie würde nie heilen.

Ich kam dann zu meinen Eltern und erlebte ein Wechselbad nach dem anderen. Mein Vater ist Trinker, und ich erlitt gleich in den ersten Tagen einen regelrechten Schock. Ich kam dazu, wie er im Suff meine Mutter anbrüllte und ihr eine schallende Ohrfeige gab. Als ich heranwuchs, habe ich mir geschworen: ‚Nie, nie heiratest du mal einen Säufer! Das ist ja die Hölle!' Dieses Leid, das ich zu Hause erfahren habe, wollte ich nicht noch einmal erleben. Unter dem Druck meines Vaters wurde ich störrisch und aggressiv. Nach der Schule geriet ich in eine Clique, die regelmäßig an spiritistischen Sitzungen teilnahm. Sie haben mir ziemlich zu schaffen gemacht, denn danach traten Schlafstörungen bei mir auf. Ich litt auch unter Ängsten und hatte Mühe, meiner Arbeit in einer Fabrik nachzukommen. Als ich mich mit siebzehn verliebte, ging ich zu einem Kartenleger. Ich wollte wissen, ob dies auch der richtige Partner für mich sei. Die Zukunft machte mir Sorgen, und so wollte ich gerne einen Blick hinter den Vorhang meines Lebens werfen. Ist das eine Sünde? Kommen vielleicht meine Unruhe und meine Angst von daher?

Als ich ein kleines Mädchen war, hat Omi mit mir gebetet und mir von Jesus erzählt. Aber nach der spiritistischen Sitzung konnte ich nicht mehr beten. In den Gottesdienst ging ich nur noch, wenn ich mal zu einer Hochzeit oder zu einer Taufe eingeladen war. Gott ist mir so fern, und um mein Herz hat sich eine Eisscholle gelegt. Ist es eine Sünde, zum Wahrsager zu gehen und an okkulten Praktiken teilzunehmen?"

„Ja!" gab ich klar zu verstehen. „Gott will nicht, daß wir zu Astrologen und Hellsehern gehen. Ja, Sie haben sich schuldig gemacht, und Ihre Ängste und Schlafstörungen sind wahrscheinlich die Folge Ihres Tuns. Aber nun darf ich Ihnen sagen, daß Jesus Christus bereit ist, Ihnen Ihre Sünde zu verzeihen, wenn Sie Ihr Verhalten bereuen und sich von diesen teuflischen Dingen lossagen. Wollen Sie dies?"

„Ja, ich will. Sie sehen doch, wie elend ich mich fühle und leide."

„Gut, dann spreche ich Ihnen ein Gebet vor, und Sie sagen es nach. Allem Satanischen sagen Sie ab und nehmen Christus in Ihr Leben auf. Er will Ihr guter Hirte sein, er will Ihren Schaden heilen. Sie sind ihm wertvoll, auch wenn Sie sich wie ein schwaches, elendes Schäfchen verlaufen haben und in die Irre gegangen sind. Verstehen Sie dieses Bild? Jesus will Sie in seine Arme nehmen, Sie an sein Herz drükken und Ihnen viel Gutes tun. Sicher kennen Sie den Psalm 23. Er macht deutlich, was ich Ihnen zu sagen versuche. Jesus ist der gute Hirte, und er will Sie auf die besten Weideplätze führen. Auch in Ihrem Liebeskummer will er Sie trösten."

Ich bete übers Telefon, und die junge Dame spricht die Sätze nach.

„Lieber Herr Jesus, ich stehe jetzt vor dir und muß dir bekennen, daß ich schuldig geworden bin. Es ist nicht recht, daß ich mich in die Hände des Teufels begeben habe und ihn um Rat fragte. Herr Jesus, ich sage mich von allen satanischen Bindungen los. Vergib mir bitte alle meine Schuld. Ich will dir gehören. Sei du mein Herr! Amen"

Mir wird bewußt: Wer seiner Sünde einen Namen gibt und sie vor Jesus bekennt, darf mit seiner Vergebung rechnen. Wer den Namen des Herrn anruft, wird errettet werden. Dann sage ich der jungen Frau noch eine Adresse durch und bitte sie, daß sie diesen Seelsorger anrufen möchte. Er wohnt ganz in ihrer Nähe, denn es ist wichtig, daß diese gerade mit Jesus begonnene Beziehung gepflegt wird und Nahrung bekommt. Meine Anruferin soll in einer lebendigen Gemeinde ein Zuhause finden. Der Kontakt zu anderen Christen ist ganz wichtig. Der erste Schritt in die Nachfolge ist getan. Ihm müssen weitere folgen. Ich rate ihr auch noch, die Verbindung zu ihrem Freund nicht wieder anzuknüpfen, denn wenn er sie jetzt schon schlägt, was wird er erst tun, wenn er mit ihr verheiratet ist?

„Ich verstehe auch", so tröste ich sie, „daß Sie sich nach einem Partner sehnen, auf den Sie sich stützen können und in dessen Nähe Sie Liebe und Zärtlichkeit empfinden. Jedes junge Mädchen träumt von Liebe und Geborgenheit. Die Frage der Ehe ist die wichtigste im Leben der Menschen, wichtiger als die Frage des Berufs. Aber erinnern Sie sich noch an das, was ich Ihnen vom guten Hirten sagte. Vertrauen Sie sich in dieser Entscheidung ihm an. Er wird Sie recht führen. Beten Sie um den richtigen Partner und haben Sie Geduld. Aber jetzt rufen Sie erst mal diesen Architekten an, dessen Namen ich Ihnen genannt habe. Er ist ein bewährter Christ, er wird Ihnen helfen, daß Sie in eine lebendige Gemeinde eingebunden werden."

„Ja, das werde ich tun, ich rufe Sie noch zurück. Wie lange sind Sie noch in der Telefonseelsorge?"

„Bis 22 Uhr 30."

„Na, dann müßte alles noch klappen."

Eine halbe Stunde später läutet es wieder im Büro.

„Ja, Frau Bormuth, ich habe den Herrn erreichen können. Er war ja so freundlich zu mir. Er will mich besuchen, und dann wollen wir über alles reden. Der Termin ist schon vereinbart. Aber könnten Sie noch einmal mit mir beten? Das Reden mit Gott hat mir so gutgetan. Jetzt geht es mir schon besser."

Nichts tue ich lieber als dies, und noch einmal spreche ich mit dem guten Hirten, danke ihm, daß er gekommen ist in unser Dasein, um die Werke des Bösen zu zerstören, Sünden zu vergeben und Wunden zu heilen.

Am nächsten Morgen schicke ich der Anruferin ein Neues Testament. Sie darf in diesem Buch Jesus noch besser kennenlernen.

Die Geschichte dieser jungen Frau bewegt mich. Da ist ein verzweifelter Mensch. Er bricht alle satanischen Bindungen ab, wirft sich Christus in die Arme und erfährt, auf welche wunderbare Weideplätze Jesus führen kann. Aber nach dieser so ermutigenden Geschichte will ich wieder zu Hiob kommen.

Sicher hat sich Hiob über den Anfang der Rede seiner Freunde gefreut, aber nun fährt Eliphas fort und hält ihm vor: Du hast zwar vielen geholfen, aber jetzt, da du selbst vom Elend betroffen bist, erschrickst du. Wo bleiben da dein Gottvertrauen, deine Hoffnung, deine Erkenntnis, daß deine Wege untadelig sind?

Wie hart muß diese Anschuldigung Hiob treffen. Wir wissen es ja aus eigener Erfahrung, daß wir andere aufzurichten und zu trösten vermögen, aber im eigenen Leid sind wir niedergeschlagen und ratlos.

Ich erinnere mich, wie ich einmal ins Krankenhaus eingeliefert wurde. Ein Unfall hatte mich für sechs Wochen ans Bett gefesselt. Mit eingegipstem Bein lag ich fest. Zunächst war ich tapfer, aber die Länge trägt die Last. In einer Nacht packte mich der Jammer. Ich wurde wehleidig und heulte in meine Kissen, weil mich Juckreiz plagte und körperliche Schwäche hinzukam. In meiner Not rief ich die Telefonseelsorge an. Ich kannte alle Mitarbeiter, da ich ja selbst in dieser Einrichtung Dienst tue, und hoffte, daß mich ein Gespräch aus meinem seelischen Tief reißen würde. Aber, o Schreck, ich wählte die Nummer 11101 und vernahm eine mir völlig fremde Stimme. Vor Angst brachte ich kein Wort hervor, sondern begann in den Hörer zu weinen. Der junge Prediger, der für einen erkrankten Mitarbeiter eingesprungen war, bewies viel Einfühlungsvermögen. „Weinen Sie sich nur richtig aus, Tränen sind nämlich auch eine gute Gabe Gottes. Woher rufen Sie denn an?"

„Aus dem Diakoniekrankenhaus."

„Können Sie denn nicht eine Diakonisse holen, daß sie mal mit Ihnen betet?"

Genau das war der springende Punkt. Ich wollte keine Schwester rufen, denn mein Mann arbeitet im Diakonieverband und unterrichtet die Krankenschwestern. Sollten sie nun sehen, wie erbärmlich ich mich fühlte, daß ich es nicht mal fertigbrachte, den Juckreiz und die Schmerzen meines eingegipsten Beines auszuhalten?

Da wurde mir bewußt, wie schnell ich bereit war, andere zu trösten, aber nun, da das Elend mich gepackt hatte, saß ich bekümmert in meinem Bett und heulte in meine Kissen. Der Mut hatte mich verlassen.

„Es ist ein Ding, andere im Unglück zu trösten, und ein ander Ding, selbst durchs Feuer der Trübsal zu gehen", schreibt Lamparter.

„Denk doch daran", setzt Eliphas seine Rede fort, „die Gottesfurcht ist doch dein Trost, die Unsträflichkeit deiner Wege ist deine Hoffnung."

Sicherlich ist solch ein seelsorgerlicher Ratschlag wirkungsvoll und gehört zum Besten, was man einem Verzweifelten sagen kann. Hinzu kommt noch ein sehr wichtiger Gedanke, der hier an dieser Stelle zum ersten Mal angesprochen wird und sich durch die Reden der Freunde wie ein roter Faden zieht und nach vielen Seiten hin entfaltet wird: „Gedenke doch, wo ist ein Unschuldiger umgekommen? Oder wo sind die Gerechten je vertilgt? Werden die Frommen von Gott nicht nach dem Gesetz beurteilt: Was der Mensch sät, das wird er ernten?" Ist dies nicht der beste Beweis für die Thesen, daß die Gottlosen immer wieder ausgerottet wurden?

Es solle genug sein, daß er in der Furcht Gottes gelebt habe, er habe sich nichts vorzuwerfen, also könne Gott ihn nicht verderben. Dieser Zuspruch leuchtet uns ein. „Und doch können wir es nicht verbergen, daß der Satan gerade an dieser Logik seine helle Freude hat", schreibt Lamparter.

Ich zitiere aus Kapitel 5 die Verse 8-18:

> *„Ich aber würde zu Gott mich wenden und meine*
> *Sache vor ihn bringen, der große Dinge tut, die nicht*
> *zu erforschen sind, und Wunder, die nicht zu zählen*
> *sind: der den Regen aufs Land gibt und läßt Wasser*
> *kommen auf die Gefilde; der die Niedrigen erhöht*
> *und den Betrübten emporhilft.*
> *Er macht zunichte die Anschläge der Listigen, daß es*
> *ihre Hand nicht ausführen kann; er fängt die Weisen*
> *in ihrer Listigkeit und stürzt der Verkehrten Rat, daß*
> *sie des Tages in der Finsternis laufen und tappen am*
> *Mittag wie in der Nacht. Er hilft dem Armen von*
> *dem Schwert, von ihrem Munde und von der Hand*
> *des Mächtigen und ist des Armen Hoffnung, daß die*
> *Bosheit wird ihren Mund müssen zuhalten.*
> *Siehe, selig ist der Mensch, den Gott straft; darum*
> *verweigere dich der Züchtigung des Allmächtigen*
> *nicht.*
> *Denn er verletzt und verbindet; er zerschlägt, und*
> *seine Hand heilt.*
> *Aus sechs Trübsalen wird er dich erretten, und in der*
> *siebten wird dich kein Übel rühren."*

Aber Eliphas denkt weiter und rät Hiob: „Wenn ich an deiner Stelle wäre, ich würde mich in meinem Elend selbst an Gott wenden." Dies ist der beste Rat und Zuspruch in seiner langen Rede. Gott kann große Dinge tun. Seine Wunder sind nicht zu zählen. In der Dürre spendet er seinen Regen. Wüsten läßt er zu fruchtbarem Land erblühen. Diese Bilder sind dem Orientalen sehr vertraut, der doch ständig gegen

Trockenheit ankämpfen muß. Gott ist auch ein Herr, der sich des Niedrigen erbarmt. Für die Geringen, Elenden, Zerbrochenen, Unterdrückten schlägt sein Herz. Aber die Stolzen, Siegessicheren, die Starken verurteilt er zum Scheitern. Wer sich seines Vermögens, seiner Klugheit brüstet, muß zuschanden werden.

„Was schwach ist vor der Welt, das hat Gott erhöht, damit allein seinem Namen Ehre gebührt. Vor Gott kann sich kein Mensch seines Könnens und seiner Weisheit rühmen."

Wie lautete die Parole in der ehemaligen DDR? „Ohne Gott und Sonnenschein fahren wir die Ernte ein." Kläglich sind solche Wichtigtuer gescheitert. Gott demütigt Menschen mit hochfahrenden Plänen. Wie lange sollte Hitlers Reich währen? Tausend Jahre. Nach zwölf Jahren lag Deutschland in Schutt und Asche, und Hitler selbst endete im Selbstmord. Es ist schon von jeher Gottes Art, daß er sich mit dem Schwachen verbindet und den Stolzen verwirft. Das hat Hanna, die Frau Samuels, erfahren. Als sie wegen ihrer Kinderlosigkeit von der Nebenfrau ihres Mannes verspottet wird, weint Hanna und betet zu Gott. In wunderbarer Weise hat sie erfahren dürfen, wie der Herr ihr Rufen erhört hat. Ein Sohn wurde ihr geschenkt. Voller Jubel bringt Hanna den Lobgesang dar:

„Mein Herz ist fröhlich in dem Herrn; mein Horn ist erhöht in dem Herrn. Mein Mund hat sich weit aufgetan über meine Feinde; denn ich freue mich deines Heils. Es ist niemand heilig als der Herr, außer dir ist keiner; und ist kein Hort, wie unser Gott ist. Laßt euer großes Rühmen und Trotzen, noch gehe freches Reden aus eurem Munde; denn der Herr ist ein Gott, der es merkt, und läßt solch Vornehmen nicht gelingen. Der Bogen der Starken ist zerbrochen, und die Schwachen sind umgürtet mit Stärke. Ja, die Unfruchtbare hat sieben geboren, und die viele Kinder hatte, hat abgenommen. Der Herr tötet und macht lebendig, er führt in die Hölle und wieder heraus. Der Herr macht arm und macht reich; er erniedrigt und erhöht" (1. Samuel 2,1-7).

Eliphas sind in dieser Rede wirklich tiefe Erkenntnisse in Gottes wunderbares Handeln geschenkt. Noch immer ist Gott die Hoffnung der Armen und der Schutz der Geplagten. Die Listigen müssen über ihre eigene Verlogenheit stürzen, und die einem übel mitspielen, geraten selbst in die Falle.

Wir waren jung verheiratet, hatten eine Tochter. Mit dem zweiten Kind war ich schwanger. Wir suchten dringend eine Wohnung, wie so viele Menschen in unserer Stadt. Wir wurden auf eine Warteliste gesetzt und mit schönen Worten vertröstet. Uns war klar, daß wir auf diese Weise nie zu einer Behausung kommen würden. So machten wir uns selbst auf die Suche. Wir hörten von einer Vier-Zimmer-Wohnung. Ich machte mich sofort auf den Weg zur Baugenossenschaft und schien das große Los gezogen zu haben, als man mir sagte: Sie als junge Familie werden natürlich bei der Vergabe den Vorrang haben. Wir wollen an Sie in der Schloßstraße die Parterrewohnung vermieten. Ich schwebte wie im siebten Himmel. Wir würden ein Heim finden: Schlafzimmer, Arbeitszimmer, Wohnzimmer, Kinderzimmer, Küche und Bad. Nun pilgerte ich fast jeden Tag mit Anna-Ruthchen im Kinderwagen dorthin, maß die Wände aus, rückte schon in Gedanken die Möbel von einer Wand an die andere, überlegte die Verteilung der Räume und hielt nach Lampen und Gardinen Ausschau. Der erste Mai sollte der Einzugstag sein. Im Juli würde unser zweites Baby geboren werden. Alles läuft nach einem hervorragenden Plan ab, dachte ich.

Aber drei Wochen vor unserem Einzug lag ein Schreiben in unserem Briefkasten. Leider könne uns die Wohnung doch nicht vermietet werden, da ein städtischer Angestellter neu ins Amt berufen worden sei und er nun diese Wohnung haben müsse, um seinen Dienst überhaupt antreten zu können. Wir sollten uns gedulden, denn in einem Jahr würden wieder zwei Häuser freigestellt. Dann würden wir bestimmt berücksichtigt.

Es war, als träfe mich der Schlag. Ich saß auf unserer

Eckbank und ließ meine Tränen auf den Tisch tropfen. Meine Enttäuschung und mein Schmerz saßen tief.

Dann kam mein Vater zu Besuch. Wir wohnten in einer winzigen Mansarde. Unter dieser Schräge konnte mein Vater aber nicht schlafen. Er litt an Asthma und bekam in dieser Puppenstube Atemnot. Da sann er nach einem Ausweg: „Ihr müßt bauen. Ich helfe euch und leihe euch Geld, natürlich zinsfrei." Ich staunte „Bauklötze". Wir sollten ein eigenes Häuschen haben! Ein Bauplatz wurde gekauft, und wir beauftragten einen Architekten mit dem Bau eines Eigenheimes. Schon ein Jahr später zogen wir in unsere eigenen vier Wände.

Im nachhinein stellte es sich heraus, daß es für uns das beste gewesen war, selbst zu bauen. Die Mieten im geplanten Wohngebäude der Genossenschaft waren dermaßen hoch, daß wir mit unserem Eigenheim weit besser dastanden. Die Finanzspritze meines Vaters und die verbilligten Darlehen für junge Familien reichten aus, um unser Häuschen kostengünstig zu erstellen. Zwei Zimmer konnten noch untervermietet werden, so daß der Abtrag und die Zinsen zu bewältigen waren. Dazu hatten wir für unsere Kinder einen wunderschönen Garten.

Bei all diesem Geschehen wurde ich an das Wort des Joseph in der Bibel erinnert: „Die Menschen gedachten es böse zu machen, aber Gott machte alles gut."

In schwierigen Situationen erinnere ich mich gerne an diesen Ausspruch. Ich bin nicht den Händen von Menschen ausgeliefert, sondern stehe in Gottes Hand. Wieviel Gelassenheit und Mut erfahre ich durch diese Erkenntnis.

Später haben wir unser Haus verlassen müssen, weil mein Mann zum Dienst im Reich Gottes berufen wurde. Wir zogen in eine Mietwohnung. Mit uns im Haus lebte eine sehr empfindliche Frau. Wie oft rief sie bei mir an: „Frau Bormuth, das Dreirad quietscht. Frau Bormuth, auf dem Bürgersteig liegen wieder Bonbonpapierchen von Ihren Kindern. Frau Bormuth, Ihr Sohn hat an den Apfelbaum gepinkelt. Frau Bormuth, die Jungen zanken sich schon wieder." Diese ständigen Klagen setzten mir sehr zu. Übte unsere Tochter Klavier, dann trommelte die Nachbarin mit ihren Fäusten gegen die Wand. Ich war in dieser Zeit sehr gestreßt und trauerte unserem Häuschen nach, das wir ja um Gottes Willen aufgegeben hatten. Eines Tages saß ich im Garten und flickte Babywäsche und Jeans. Matthias lag auf der Erde und spielte mit seinem Polizeiauto. Dabei ahmte er das Brummen des Motors und das Geheul der Sirenen nach. Ab und an klang das Tatü, Tata auf. Plötzlich öffnete die Nachbarin das Fenster und goß einen ganzen Eimer Wasser auf das spielende Kind. Ich war sprachlos. Als mich meine Mitbewohnerin erblickte, schreckte sie zusammen und stammelte: „Ach, ich wollte ja nur meine Blumen gießen, und dabei ist mir der Eimer ausgerutscht."

An diesem Abend beschloß ich, in dieser Wohnung nicht mehr länger zu bleiben, auch wenn sie sonnig, geräumig und neu hergerichtet war. Es war Zeit, daß wir uns mit unserer großen Kinderschar etwas Eigenes suchten. 14 Monate später zogen wir in ein kleines Holzhaus um. Einen Teil der Möbel mußten wir weggeben, denn dafür war in dem Puppenstubenhaus kein Platz, aber der angrenzende Garten bot unseren Kindern viele interessante Spielmöglichkeiten, ohne daß andere Menschen sich aufregen mußten.

So gibt es oft Unannehmlichkeiten, die uns schwer zu schaffen machen, aber die letzten Endes doch unserem Besten dienen. Auch wenn wir meinen, wir seien Intrigen und Häßlichkeiten ausgesetzt, so dürfen wir doch wissen: „Der Herr macht die Anschläge der Listigen zunichte."

Lamparter kommentiert diese Textstelle im Hiobbuch folgendermaßen: „Kein Zweifel, dieser Eliphas hat einen tiefen Einblick in den wunderbaren Rat Gottes und sein geheimnisvolles Walten. Und es sollte uns nicht wundern, wenn er auf Grund dieser Erkenntnis versuchen würde, auch dem rätselvollen Unglück Hiobs noch immer, trotz allem, was dagegen spricht, einen letzten, gnädigen Sinn abzugewinnen."

Immer wenn wir in Berührung mit dem Leid kommen, taucht die Frage in uns auf: Warum züchtigt uns Gott? Auch Eliphas bringt den Gedanken ins Spiel, wenn er sagt: „Selig ist der Mensch, den Gott straft. Verweigere dich nicht der Züchtigung des Allmächtigen."

Wenn ein Mensch selbst zu dieser Erkenntnis gelangt, mag es ihm eine Hilfe sein; aber wenn ein anderer, ein Freund oder ein Feind, solche Aussagen macht, können sie einen Geplagten sehr in die Enge treiben und verletzen. Es steht zwar im Neuen Testament die Aussage: „Wen der Herr liebhat, den züchtigt er", aber es fällt uns meist sehr schwer, diese Wahrheit anzunehmen, wenn wir uns von Gott „in die Mangel" genommen wissen. Die Liebe Gottes und die Züchtigung ist für uns schwer in Einklang zu bringen. Hilfreich ist es, wenn wir das Wort Züchtigung im Sinne von Erziehung verstehen.

Eliphas ist mutig, daß er seinem Freund erklärt: „Hiob, dein Unglück ist als Zuchtrute Gottes zu begreifen und will dich etwas sehr Bedeutsames lehren."

Der Theologe Brunner meint zu dieser Textstelle: „Eliphas streicht ihm kein Honigbrötchen, sondern gibt ihm eine Waffe in die Hand, die im Feuer geschmiedet wurde, um sich der Verzweiflung zu erwehren." Gott faßt seine Kinder nicht mit Samthandschuhen an, das lehrt uns die Kirchengeschichte. Mir kommt Paul Gerhardt in den Sinn. Er ging durch entsetzliches Leid und hat die schönsten Choräle gedichtet. Denken wir nur an das Lied: „Befiehl du deine Wege."

Oder ich muß an Hiller denken. Mitten in seinen besten Jahren versagt ihm die Stimme den Dienst. Fortan kann er nicht mehr auf der Kanzel predigen, aber er schreibt uns die wunderschönsten Lieder zur Ermutigung im Glauben. Gott nimmt ihm das Wichtige und begabt ihn mit noch Wichtigerem. Seine Lieder sind uns bis heute erhalten und werden gern in den Gottesdiensten gesungen. Denken wir nur an das Lied: „Gott ist gegenwärtig."

Gott kann schrecklich zuschlagen in seinem Handeln,

und wer sind wir Menschen, daß wir meinen, wir müßten Gott immer verstehen?

Die Aussage stimmt: „Gott verletzt, und er verbindet, er zerschlägt, und seine Hand heilt." Wer sich seinem Willen unterordnet, wird diese Wahrheiten erfahren.

Eine Dame aus dem Siegerland bat mich einmal, ich möchte ihr eine Widmung in das Buch schreiben, das sie sich beim Büchertisch erstanden hatte. Ich wählte genau diesen Vers. Sie las: „Gott verletzt und verbindet; er zerschlägt, und seine Hand heilt."

Fest drückte sie mir die Hand: „Dieser Zuspruch paßt für mich. Ich habe gerade eine schwere Krebserkrankung hinter mir. Beide Brüste wurden amputiert. Vielen Dank für diese Widmung."

Aber ist der Gedanke der Züchtigung durch Gott wirklich für Hiob eine Hilfe? Ist er nicht viel zu grausam und schrecklich? All sein Gut hat er verloren. Wenn uns auf dem Flughafen ein Koffer abhanden kommt, geraten wir schon in Panik. Hiob aber hat alles verloren: 7000 Schafe, 3000 Kamele, 500 Joch Rinder, also 1000 Rinder, 500 Eselinnen. Alle seine Kinder sind durch einen Unfall ums Leben gekommen. Bei einem ihrer Brüder feierten sie ein Fest, als sich plötzlich ein Sturm erhob und losbrauste. Er verwüstete das Haus, so daß alle sieben Söhne und drei Töchter darunter begraben wurden. Keins der Kinder konnte lebend geborgen werden. Und als ob dies des Kummers nicht genug sei, erkrankte Hiob an ansteckendem Aussatz. Er muß alles verlassen und in seiner Höhle leben, weil jeder Angst vor dieser Geißel der Menschheit hat. Er sitzt auf einem Aschenhaufen und schabt sich mit einer Scherbe die Wunden. Dieses Leid gilt es in seiner Tiefe zu ermessen, und dann wird es uns schwer, das Wort Züchtigung über die Lippen zu bringen.

Was ist das für ein Gott, der zur Erziehung seiner Kinder solche entsetzlichen Plagen braucht? Auch wenn es Eliphas gut mit Hiob meint, steht ja doch fest, daß er keine Ahnung hat, was sich zuvor zwischen Satan und Gott im Himmel abgespielt hat, und so verfolgt er durch das Trösten eine falsche Spur. Seine Tröstungen sind sogar gefährlich, denn sie locken Hiob genau an die Stelle, wohin ihn der Satan haben will.

Hiob jedoch weist diesen Zuspruch vehement zurück, und diese Haltung ehrt ihn. Ihm geht es allein um Gottes Ehre.

Am Beispiel von Pfarrer Busch will ich aufzeigen, wie er die Bedrohung und Versuchung am eigenen Leib verspürt hat und doch standhaft geblieben ist. Es soll uns Mut machen. Ich lasse ihn selbst zu Wort kommen:

„Eigenartig spielt Gott in den Ereignissen unserer Tage mit. Manchmal mag uns dies sehr merkwürdig vorkommen. Ich lag einmal ganz elend in der Zelle eines Gefängnisses. Ich hatte Fieber, war hungrig, fror mächtig und war völlig niedergeschlagen. In dieser Situation war ich bereit, jede Niederlage auf mich zu nehmen, wenn ich nur aus diesem entsetzlichen Loch herausgeholt würde.

Und dann wurde ich zur Geheimen Staatspolizei geführt. Da sitzen die drei führenden Männer am Tisch. Einer von ihnen hieß Schweim mit m. Da hat er noch Glück gehabt. Ein bleicher Bursche. Die drei Gestapoleute waren plötzlich katzenfreundlich. Mein Herz verkrampfte sich, und ich dachte sofort: Na, was führen sie jetzt wieder im Schilde?

Da sagten sie: ‚Pastor Busch, wir haben gesehen, daß Sie gar nicht so übel sind. Der einzige Unsinn ist, daß Sie unter allen Umständen Jugendpfarrer sein wollen. Wir garantieren Ihnen, daß in zehn Jahren kein junger Mann in Deutschland wissen wird, wer Ihr imaginärer Jesus ist. Das garantieren wir Ihnen. Dafür werden wir schon sorgen. Deshalb wird man auch keinen Jugendpfarrer mehr brauchen. Wir bieten Ihnen eine Stelle als Regierungsrat an. Sie können sofort nach Hause entlassen werden, wenn Sie versprechen, keinem Menschen mehr Ihre Botschaft zu sagen. Persönlich können Sie glauben, was Sie wollen. Wir geben Ihnen 24 Stunden Bedenkzeit.‘

Das war eine grauenvolle Lage, in die ich nun geraten war. Ich war so hungrig, saß frierend in meiner engen Zelle, fieberte. Da wird man nur von dem einen Gedanken bewegt: Raus, raus, jetzt auf der Stelle raus!

Ich kann ja glauben, was ich will, ich soll nur nicht mehr von Jesus reden. Und morgen bin ich dann draußen, habe eine ordentliche Stelle, und der ganze Druck hört mit einem Schlag auf.

Ich konnte plötzlich nicht mehr weiter denken, ich konnte es nicht mehr.

Und dann schlich sich wieder die Versuchung bei mir ein: Ich brauche doch bloß nicht mehr übers Evangelium reden, glauben kann ich, was ich will.

Da waren plötzlich alle Dämonen der Hölle in meiner Zelle. Ich hörte, wie sie sagten: Tu es doch, tu es doch!

Und dann trat er, der lebendig ist, auf, Jesus. Er hielt mir vor Augen, wie schön ein Leben in seinem Dienst war. Dann sprach er ganz deutlich zu mir. ‚Diese Erfahrungen kann man nicht teilen.

Darüber kann man nicht schweigen, was man mit mir, dem Heiland, erlebt hat. Schweigen geht nicht. Dann sag mir ab, dann sag mir ab!‘

Dem Mann absagen, der mich auf Golgatha erkauft hat? Dem Mann soll ich absagen? Keine Versöhnung mit Gott mehr haben, keinen Frieden, keinen Heiland, kein seliges Sterben, keine Hoffnung des ewigen Lebens? Unmöglich!

Am anderen Morgen trat ich vor die Leute der Gestapo und sagte: ‚Ich kann Ihr Angebot nicht annehmen.‘

Das war eine große Versuchung in meinem Leben, und jeder kennt sie. Da ist es wichtig zu wissen: Wo stehe ich? Haben Sie Ihre Entscheidung für Jesus schon gefällt? Meinen Sie, Gott reißt sich seinen Sohn vom Herzen und schickt ihn auf unsere Welt, damit wir darüber diskutieren?

Der Tatsache Golgatha gegenüber wird ein ganzes Ja oder ein ganzes Nein gefordert.

Es war ein paar Jahre später, kurz vor Kriegsschluß. Ich bin in der Stadt und höre plötzlich die Sirenen. Es ist Vollalarm. Schon krachen die ersten Bomben. Ich weiß nicht, wohin ich flüchten soll. Da entdecke ich plötzlich eine Anlage, die zum Eingang eines Bunkers gehört. Die Treppe ist noch nicht eingebaut, und so führt nur ein schräger Schacht in den Keller hinunter. Aber wenn es hinter einem kracht, dann fragt man nicht lang nach einer Treppe. Nur hinein will man in den Bunker. Ich gehe auf die Anlage zu, sie ist mit feuchtem Lehm bedeckt, versuche da hinunterzuklettern, plötzlich aber komme ich ins Rutschen und sause mit affenartiger Geschwindigkeit in den Bunker. Unten steht ein Soldat und fängt mich auf. Die Beleuchtung ist düster, trüb blau, und dann erkennen wir uns. Es ist der Chef der Geheimen Staatspolizei. Er erwartet schon den Einmarsch der Amerikaner und hat sich als Infanterist verkleidet. Ein paar Tage später werden die Amis dasein. Er hält mich noch in seinen Armen, so wie er mich im Rutschen abgefangen hat, und dann stammelt er im blauen Licht, was sein Gesicht noch fahler machte, ganz erschrokken: ‚Pfarrer Busch, leben Sie noch?‘

Es wurde ja in dieser Zeit schrecklich viel gestorben. Menschen wurden hingerichtet, liquidiert, umgelegt, in den KZs vergast, von Bomben getroffen.

‚Leben Sie noch, Pfarrer Busch?‘

Und dann packt mich der Übermut des Glaubens, und ich sage: ‚Herr Nordes, wir überleben noch vieles.‘

Er versteht, was ich damit sagen will.

Und dann sehe ich Jesus selbst vor mir und die ganze Schar, die an ihn glaubt und ihm nachfolgt.

Acht Tage später hat sich der Chef der Geheimen Staatspolizei erhängt.

Ich aber stehe vor Ihnen als einer, der Jesus, seinen Heiland, rühmt. Ohne ihn lohnt sich kein Leben, aber mit ihm gewinne ich das ewige Leben.“

Hiob antwortet auf die Rede seines Freundes

Hiob 6,1-10

In Jesus Sirach 6,10 steht ein treffender Satz über die Bedeutung eines treuen Freundes: „Ein treuer Freund ist ein Trost des Lebens. Wer Gott fürchtet, der bekommt einen solchen Freund."

Eliphas, dessen Worte wir in Kapitel 4 vernommen haben, hat sich mit allen Mitteln der Redekunst bemüht, Hiob zu trösten und seinen Schmerz zu dämpfen. Es ist schon erstaunlich, mit welcher Hingabe und Energie er dies versucht. Aber seine Rede trifft nicht in das Herz des Geplagten. Das Gegenteil ist der Fall, sie verschlimmert den Schmerz. Hiob ist und bleibt ein verzweifelter Mann. Wie ein reißender Strom, der einen Damm durchbricht, so verschafft sich Hiobs Klage weiten Raum.

Alles, was Eliphas mühsam an Hilfe, Einsicht und Trost aufgebaut hat, wird vom Schrei des Entsetzens mit einem Schlag eingerissen. Da bleibt nichts, gar nichts, was die Seele des Aussätzigen ein wenig aufrichtet. Ja, Hiob wirft seinem Freund vor: „Du hast dir noch nicht einmal die Mühe gemacht, mein Elend in seiner Tiefe zu ermessen. Dein Versuch des Beistandes muß ja scheitern."

Legt er den Kummer und das Herzeleid Hiobs auf eine Waagschale, dann könnte er klar erkennen, daß sie menschliche Kraft und Tragfähigkeit bei weitem übersteigen. Seine Not wiegt schwerer als der Sand am Meer.

Kennen wir auch solche Zeiten, wo uns die Drangsal zum Sand am Meer wurde? Ich weiß aus eigenem Erleben von solcher Bedrückung und Not. Da war die Umsiedlung aus meinem Heimatland Bessarabien mit dem langen Lagerleben. Nachts konnte ich oft nicht schlafen, weil mich der Hunger plagte. In riesigen Fabrikhallen waren wir untergebracht, Männlein wie Weiblein in einem Raum. Das Essen war katastrophal. Ich war so unterernährt, daß ich mich nicht mehr auf den Beinen halten konnte und in ein Krankenhaus eingewiesen wurde. Als ich mich etwas erholt hatte und wieder ins Lager sollte, bat ich den Arzt: „Herr Doktor, darf ich nicht noch hier bleiben, das Essen schmeckt so gut!?" Ich redete fast nur noch von Brot, und ich träumte von Brot. Nie werde ich die Nacht vergessen, als mir Vater ein Stück Weißbrot zusteckte. Er war von der Lagerleitung abkommandiert worden, die Milch für die Säuglinge von der Molkerei zu holen. Bei dieser Gelegenheit schenkte ihm eine Frau dieses Weißbrot. Er versteckte es unter dem Strohsack, und als alle anderen schliefen, hat er es unter uns drei Geschwistern und Mutter verteilt, sonst hätte es noch Mord und Totschlag gegeben. Diese freundliche, hilfsbereite Frau ist uns dem Namen nach unbekannt geblieben, aber sie hat eine Tat getan, die ihr im Himmel angerechnet wird. Ihr Handeln entsprach dem Wort Jesu: „Ich bin hungrig gewesen, und ihr habt mich gespeist. Was ihr getan habt einem dieser geringsten Brüder, das habt ihr mir getan" (Matthäus 25,35+40).

Oder mir steht noch unsere Flucht vor Augen. Bei minus 20 Grad brachen wir in einer sternklaren Nacht von unserem Gut auf. Die Straßen waren vereist, der Wind heftig. Manchmal wurden wir von einem Stöberwetter überrascht. Hinter uns hörten wir den Kanonendonner des Feindes, über uns brausten die Flugzeuge der Amerikaner und Engländer mit ihrer todbringenden Last. Wie oft hat mich die Angst gepackt, daß die russischen Panzer uns überrollen könnten. Zunächst ernährten wir uns von Semmeln, die wie Zwieback haltbar gemacht waren, und von Milch. In großen 20-l-Kannen hatte sie mein Vater kurz vor dem Aufbruch auf den Wagen gestellt. Sie war fest gefroren und so genießbar geblieben. Aber als die Kannen leer waren, plagte uns der Hunger. Meine Mutter war hochschwanger und schenkte einem kleinen Mädelchen das Leben. Aber sie war so ausgemergelt von all den Strapazen und schwach, so daß sie das Kind nicht stillen konnte. Wir hatten nun nichts mehr, womit wir unsere kleine Erika am Leben hätten erhalten können, und so mußte meine Schwester verhungern. Im Harz betteten wir den Leichnam in die fremde Erde, pflanzten ein Tännchen darauf und stellten ein selbstgezimmertes Kreuzchen aufs Gräblein. Der Tod dieses Geschwisterchens hat mich zutiefst erschüttert. Noch heute erinnere ich mich an den Tag, da mein Vater dieses Kind auf zwei rauhen Wagenbrettern aufbahrte. Ich habe viel geweint und hätte wie Hiob ausrufen können: „Die Schrecknisse Gottes sind auf mich gerichtet." Armut, Hunger, Elend, Krankheit und Tod gehörten durch ein langes Flüchtlingsdasein in mein Leben hinein. Hätte man all dies Leid in eine Waagschale geworfen, dann wäre es einem Haufen Sand gleichgekommen, den man nicht mehr wiegen kann. Wie viele Menschen sind in dieser Zeit an ihrem Verstand irre geworden und haben sich vor lauter Verzweiflung das Leben genommen.

Bis in unsere Tage hinein gibt es diese Schrecknisse. Wir brauchen nur an die Hungergebiete in Somalia und Äthiopien zu denken oder uns den Krieg in Bosnien vor Augen zu führen. Kinder verbluten beim Spielen im Schnee, weil sie von Granaten getroffen wurden.

Aber ich will nicht nur an die Ferne denken, auch bei uns gibt es schreckliche Ungerechtigkeit. Wer kann es noch ertragen, daß in Deutschland jährlich zwei- bis dreihunderttausend Kinder abgetrieben werden? Was ist das für eine Welt, wenn der Mutterleib zur gefährlichen Stelle für das werdende Leben wird? Die Geborenen herrschen und tyrannisieren die Ungeborenen. Die Methoden der Abtreibung sind gräßlich. Die noch Ungeborenen werden im Leib der Mutter zerschnitten, oder mittels eines Sauggerätes abgesaugt, oder durch eine hochkonzentrierte Lösung, die in die Fruchtblase gespritzt wird, verätzt, oder durch die

Einnahme von Prostaglandin noch lebend ausgestoßen und landen dann im Abfalleimer.

Es ist schreiendes Unrecht am werdenden Leben, was sich in unserem „Wirtschaftswunderland" heute ereignet. Mich überfällt oft qualvolle Angst, wenn ich mir bewußt mache, daß Gott unser Volk wegen der Tötung Ungeborener einmal zur Rechenschaft ziehen wird. Wie viele Mütter erleiden seelische Schäden nach einer Abtreibung. Denn kein Mensch hat es in der Hand, daß nicht doch das Gewissen aufwacht und einer Mutter bewußt wird: Ach, jetzt wäre dein Kind ein Jahr, oder in diesem Sommer würde dein Kind eingeschult werden, oder es hätte konfirmiert werden können, statt dessen lebst du allein. Diese Erinnerungen sind grauenvoll und quälend.

Ich denke noch immer an ein Gespräch mit einer Frau, die an einer Freizeit teilnahm und dort vom Wort Gottes gepackt wurde. Sie wollte Christ werden. Ich erläuterte, daß sie ihr Leben an Christus ausliefern könne, und fragte sie: „Haben Sie noch etwas auf dem Herzen, was Sie Jesus Christus bekennen wollen? Er ist der Gottessohn, und er will uns alle Schuld verzeihen, die wir ihm sagen."

Da fiel diese Frau aus Kasachstan plötzlich auf die Knie und schrie laut auf: „O Allmächtiger, erbarme dich über meine sieben Kinder, die ich abgetrieben habe, erbarme dich. Wo sind meine sieben getöteten Kinder? Himmlischer Vater, sind sie bei dir? Erbarme dich, erbarme dich!"

Dieser Schrei der Verzweiflung ging mir durch und durch. Es ist schrecklich, in die Arme des lebendigen Gottes zu fallen. Da bekommt Schuld ihren Namen, und Abtreibung wird als Tötung erkannt. Da hilft keine Beschwichtigung, da kann nur Jesus Christus selbst helfen und trösten, indem er uns seine Gnade zusagt: „Fürwahr, ich trug deine Krankheit und lud auf mich deine Schmerzen. Um deiner Missetaten willen bin ich verwundet, und um deiner Sünden willen bin ich zerschlagen. Deine Strafe, die dich treffen müßte, liegt nun auf mir, damit du Frieden habest, und durch meine Wunden bist du geheilt."

Im Namen Jesu Christi sprach ich dieser Frau die Vergebung ihrer Schuld zu und vergewisserte sie der Gnade. Jesus erbarmt sich des reuigen Menschen, der ihm alles bekennt und seiner Sünde einen Namen gibt.

Die Rußlanddeutsche erfuhr den Zuspruch von Jesus: „Du bist mir sehr wertvoll, und deinen Namen trage ich ins Buch des Lebens ein."

Wie froh wurde diese Mutter. Am nächsten Tag traf ich sie vor dem Frühstück und fragte: „Na, wie haben Sie denn geschlafen?"

„Zum ersten Mal seit Monaten hat mir kein Alptraum den Nachtschlaf geraubt."

Da wurde mir neu bewußt, welch eine Befreiung ein Mensch erfährt, wenn ihm alte Schuld verziehen wird.

Bei Dostojewskij las ich einen wunderbaren Trost, den ein Starez einer schuldig gewordenen Frau zusprach. Vor lauter Sündennot war sie an Leib und Seele krank geworden. Eine Herzensunruhe hatte sie befallen, und sie fürchtete sich vor dem Sterben, wenn sie sich vor Gott verantworten müsse.

„Fürchte nichts, und fürchte dich niemals, und gräme dich nicht. Wenn nur die Reue in dir nicht erlahmt – dann wird Gott dir alles vergeben. Solch eine Sünde gibt es nicht in der ganzen Welt und kann es gar nicht geben, die Gott der Herr einem wahrhaft Reuigen nicht verziehe. Ein Mensch kann gar nicht eine so große Sünde begehen, daß sie die unendliche Liebe Gottes erschöpfte. Oder kann es eine so schwere Sünde geben, daß sie Gottes Liebe überwöge? Um Reue sei nur besorgt, um unablässige Reue, die Furcht jedoch scheuche gänzlich von dir.

Glaube daran, daß Gott dich so sehr liebt, wie du es dir nicht einmal vorstellen kannst, dich sogar mit deiner Sünde und in deiner Sünde liebt. Über einen Sünder, der Buße tut, wird im Himmel mehr Freude sein als über zehn Gerechte, so steht es seit langem geschrieben. Geh also und fürchte dich nicht. Laß dich nicht erbittern gegen die Menschen, ärgere dich nicht, wenn dir Unrecht geschieht ... Wenn du bereust, dann liebst du auch. Liebst du aber, so bist du auch schon Gottes ... Geh denn und fürchte dich nicht!"

Als ich diese wenigen Sätze bei Dostojewskij las, ergriff mich ganz neu ein Staunen über die große Liebe, die der Herr zu uns hat. Mag sich das Elend häufen wie der Sand am Meer, in Gottes Liebe findet der Mensch Zuflucht, Hilfe und auch Heilung.

Aber ich will zurück zu Hiob kommen. Sein Leid treibt ihn fast in den Wahnsinn. Kein Mensch darf es ihm verübeln, daß seine Worte einem zerquälten, unruhigen Geist entspringen. Er vermag seine Lage gar nicht mehr richtig einzuordnen. Gott, der ihm Freund, Berater, Helfer, Tröster gewesen war, ist ihm nun zum Feind geworden. Giftige, ja sogar tödliche Pfeile hat er gegen ihn abgeschossen, und sie haben sein Herz durchbohrt. Es gibt kein größeres Übel, als Gott gegen sich zu haben. Mit seiner Macht und seiner Gewalt steht er gegen mich. Wie soll ich kleiner Wurm dagegen ankommen? Von vornherein bin ich ihm unterlegen. Wo bleibt da die Zusage: „Gott ist getreu, der euch nicht versuchen läßt über eure Kraft, sondern macht, daß die Versuchung so ein Ende nimmt, daß ihr's ertragen könnt" (1. Korinther 10,13).

Für Hiob trifft diese Aussage nicht zu. Das Leiden dieses Frommen ist schon keine Züchtigung mehr, die Gott wohldosiert auf ihn anwendet, um ihn auf die rechte Spur zu bringen. Die Heimsuchung hat ihn mit aller Wucht und Schärfe getroffen. Sein Aufschrei ist verständlich, denn Gott ist ihm grausam, schrecklich geworden.

In den Versen fünf und sechs veranschaulichen Bilder den Zustand Hiobs. Ein Esel, der Weide findet, wird nicht brüllen, und ein Ochse, dem genügend Futter in die Krippe gelegt wird, blökt nicht. Hiob aber muß brüllen, er muß schreien, weil ihm noch nicht einmal die Grundbedürfnisse eines menschenwürdigen Daseins zugestanden werden. Die Grenze des Zumutbaren ist längst erreicht.

Die Rede des Eliphas, die ihm ja Trost geben sollte, ekelt

ihn an, denn sein Leben ist wie eine fade Suppe, der das Salz fehlt. Es widert ihn an.

Lamparter schreibt dazu in seinem Kommentar: „Nichts wirkt so abstoßend und widerlich auf eine zutiefst verwundete Seele wie der Versuch, durch ein paar fromme Sprüche ihren Kummer und Zentnerlast wegzuwischen."

Aus eigenem Erleben weiß ich, wie schwer es ist, Menschen, die leiden, zu trösten.

Nach einem Vortrag kommt eine Frau auf mich zu. Die Tränen stehen ihr schon beim ersten Satz, den sie spricht, in den Augen. „Frau Bormuth, könnten Sie mit mir beten? Meine Enkeltochter ist schwer erkrankt. Sie hat Krebs, Lymphdrüsenkrebs. Bisher ist es ihr so gut gegangen. Sie war fast immer gesund, fröhlich und voller Energie. Auf das bevorstehende Abitur hat sie sich mächtig gefreut, denn sie war immer eine gute Schülerin. Plötzlich tauchte am Hals ein Knoten auf, ein kleiner erbsengroßer Knoten. Zuerst haben wir ihm gar keine Beachtung geschenkt. Aber als er sehr schnell wuchs, ging unsere Claudia zum Arzt. Nach der Untersuchung machte er ein nachdenkliches Gesicht und überwies Claudia zu einem Spezialisten nach Chemnitz. In der Klinik wurde dann dieser entsetzliche Befund festgestellt. Eine Welt brach für uns alle zusammen. Können Sie für Claudia beten?"

Mir bleibt zunächst jedes Wort im Halse stecken. Das Leid dieser Abiturientin macht mich betroffen. Dann aber kniee ich neben der Großmutter nieder und rufe den Namen Gottes an: „Herr, du verletzt, aber du willst auch verbinden. Du zerschlägst, aber du willst auch heilen. Hab Dank, Vater im Himmel, daß Claudia in deiner Hand steht. Erbarme du dich über ihr junges Leben und erhalte es ihr, so es in deinem Willen steht. Amen!"

„Könnte ich denn Claudia mal besuchen?" frage ich.

„Ja, Frau Bormuth, das würde mich auch sehr freuen. Übers Wochenende holt mein Sohn sie immer von der Klinik nach Hause. Sie wohnt gerade nebenan. Wir könnten gleich zu ihr gehen."

Wir machen uns auf den Weg und treffen die Zwanzig-
jährige in ihrem Bett, halb aufgerichtet, an. Sie muß erhöht
liegen, damit sie besser atmen kann. Blaß, schmal, mit tiefen
Rändern um die Augen begrüßt sie uns mit leiser Stimme.
Bei jedem Atemzug ringt sie nach Luft. Die Angst ist ihr ins
Gesicht geschrieben. Den Kopf hält sie zur Seite geneigt,
weil der Knoten am Hals sie stark behindert.

„Morgen hätte ich eigentlich mit den Abiturarbeiten
begonnen, aber statt dessen liege ich hier und weiß nicht,
wie das Leben weitergehen soll. Meine Eltern haben mir
nach der Prüfung eine Reise nach Holland versprochen. Ich
habe mich sehr darauf gefreut, aber daraus wird wohl
nichts. Meine Lehrstelle im Musikverlag in Trossing muß
ich wohl auch an den Nagel hängen. Im Augenblick ist alles
dunkel in mir und um mich herum. Ich bin so verzweifelt.
Die Ärzte können mir auch nicht sagen, ob der Knoten am
Hals durch die Chemotherapie schrumpfen wird. Ich will
doch leben, ich will nicht sterben, ich bin ja noch so jung.
Oft beschleicht mich die Angst vor dem Tod. Ich habe noch
gar nicht richtig gelebt und soll schon wieder abtreten von
der Bühne dieser Welt? O Gott, erbarm dich über mich.
Laß mich leben!"

Langsam und stockend kommen die Worte über ihre
Lippen. Ihre Augen werden vor Erregung immer größer
und scheuer. Da habe ich mir wohl die rechte Spruchkarte
für die junge Dame ausgesucht und das passende Wort als
Widmung ins Taschenbuch geschrieben: „In der Welt habt
ihr Angst, spricht Christus, aber seid getrost, ich habe die
Welt überwunden."

Das Psalmwort auf der Karte lautet: „Von allen Seiten
umgibst du mich, Herr, und hältst deine Hand über mir."

Claudia liest die Bibelworte und nickt. Dann läßt sie sich
zurück in die Kissen fallen. Das Reden strengt sie doch sehr
an. Während meines Besuches sage ich nur sehr wenig, und
vielleicht ist das auch richtig. So kann sich Claudia ihren
Kummer von der Seele reden, zwar unter viel Mühe, aber
doch offen und ehrlich. Bevor ich wieder gehen will, frage

ich höflich: „Claudia, ist es Ihnen recht, wenn ich noch ein Gebet spreche?"

„Ja, ich bitte sogar darum", ist ihre Antwort.

Innig rufe ich den Namen des Herrn an, der Kranke heilen kann. Er ist der Heiland der Welt, und er trägt auch Claudias Krankheit auf seinen Schultern. Die wunderbaren Worte aus Jesaja 53 treffen doch auch auf die Abiturientin zu. Sie wecken Hoffnung in ihr, wenngleich auch nur einen kleinen Strahl von Hoffnung. Fürwahr, Christus trägt unsere Krankheit und nimmt auf sich unsere Schmerzen.

„Claudia", verabschiede ich mich von ihr, „in zehn Tagen fahre ich zu einer Freizeit ins Allgäu. Dort werde ich mit über vierzig Teilnehmern zum Bibelstudium zusammen sein. Ich verspreche Ihnen, daß wir täglich für Sie beten werden. Jesus kann Sie heilen."

Wieder nickt sie still.

So haben wir es dann auf der Freizeit in Oberstdorf gehalten, und wenn ich vergaß, Claudias Namen vor Gott zu nennen, dann haben die Frauen und Männer um die Genesung des jungen Mädchens gebetet.

Ungefähr einen Monat später rief ich bei ihren Eltern an. Claudias Mutter war am Apparat.

„Ach, Frau Bormuth, ich muß mich sehr entschuldigen, daß ich Ihnen nicht eher Bescheid zukommen ließ. Die Chemotherapie schlägt bei unserer Tochter gut an. Der Knoten am Hals ist schon sehr viel kleiner geworden. Die Ärzte sind zuversichtlich, daß Claudia wieder ganz gesund wird. Der Krebs wurde noch im Anfangsstadium entdeckt, und es gab noch keine Metastasen."

Ach, wie sehr hat mich diese Nachricht gefreut. Ich lobte und dankte Gott für seine heilende Kraft.

Im Juli führte mich mein Dienst ins Diakonissen-Mutterhaus Aue. Am letzten Abend der Tagung waren auch sehr viele Gäste aus der näheren und weiteren Umgebung gekommen. Der Zionssaal war voller Menschen. Unter den vielen Teilnehmern entdeckte ich auch Claudia mit ihrer

Mutter. Herzlich begrüßten wir uns und schlossen uns in die Arme.

„Mir geht es schon wesentlich besser", erzählte sie fröhlich. „Im Augenblick darf ich sogar zu Hause sein. In zehn Tagen folgt die nächste Chemotherapie. Deshalb konnten wir heute abend zu Ihrem Vortrag nach Aue kommen. Schauen Sie nur, mein Hals ist fast normal, so gut haben die Medikamente gewirkt. Nur meine Haare sind alle ausgefallen. Es wird wohl eine Weile dauern, bis ich mir wieder einen Pferdeschwanz binden kann."

„Claudia, seien Sie tapfer! Die Haare werden wieder wachsen, und die Perücke, die Sie sich ausgesucht haben, steht Ihnen gut. Wenn Sie nichts vom Haarausfall erwähnt hätten, ich hätte noch gar nicht einmal bemerkt, daß sie sich mit fremdem Haar schmücken. Die verlorene Haarpracht ist das kleinere Übel. Hauptsache ist, daß Sie wieder gesund werden. Ich bin mit Ihnen glücklich."

„Frau Bormuth, ich will Ihnen noch etwas Schönes erzählen. Stellen Sie sich vor, der Direktor hat mir erlaubt, daß ich mein Abitur noch in diesem Sommer nachmachen kann. Ist das nicht prima? Das ist mehr, als ich erwartet habe."

Als die letzten Besucher dieses Abends gegangen waren, trafen wir uns noch in meinem Zimmer. Wir falteten unsere Hände und lobten Gott für sein wunderbares Handeln.

In dieser Nacht konnte ich vor Freude gar nicht einschlafen. Immer wieder mußte ich über das Wort nachdenken: „Gott verletzt und verbindet, er zerschlägt, und seine Hand heilt."

Fünf Monate später finde ich unter meiner Weihnachtspost auch einen Brief von Claudia. Darin schreibt sie:

Liebe Frau Bormuth!
Mit diesen wenigen Zeilen möchte ich mich für alle
Gebetsunterstützung bedanken. Nun bin ich fast
ganz gesund.

Noch heute ereignen sich Wunder, und ich darf an diesem frohen Geschehen teilhaben.

Auch Hiob ruft zu Gott: „O, daß meine Bitte geschähe und Gott gäbe mir, was ich hoffe. Daß Gott anfinge und zerschlüge mich und seine Hand ausstreckte und mir den Lebensfaden abschnitte!"

Für Hiob scheint es solche Wunder nicht mehr zu geben. Zu groß ist seine Qual. Alle Hoffnungen sind ihm zerstört worden. Er hat nur noch den einen Wunsch, von allen Leiden erlöst zu werden und den Tod zu sehen. Das Leben ist ihm zu grausam und zu hart geworden. Er kann seine Tage nicht mehr ertragen. Sterben zu dürfen, wäre für ihn eine Gebetserhörung.

Lamparter schreibt zu dieser Textstelle: „Statt fadenscheiniger Tröstungen begehrt Hiob, aller anderen Wünsche los und ledig, nur eines, den Tod von Gottes Hand. Er gleicht einem halb zertretenen Wurm, der sich am Boden krümmt und nur noch die letzte Barmherzigkeit erwartet, daß er vollends ganz zertreten werde. Würde ihm doch Gott den Lebensfaden abschneiden, empfänge er doch von Seiner Hand wie ein todwundes Tier den Gnadenstoß! Man beachte, wie ferne ihm der Gedanke liegt, etwa selbst Hand an sich zu legen und es in Enttäuschung und Ekel wie einen schmutzigen Lappen wegzuwerfen. Keine Silbe davon — im rasenden Schmerz noch ehrt Hiob auch in diesem schrecklichen, unbegreiflichen Gott den einzigen und allmächtigen Gebieter über Leben und Tod."

Das ist Größe, menschliche und göttliche Größe zugleich. Der leidende Hiob stellt sich bewußt unter den Willen Gottes.

Mein Erlöser lebt

Hiob 19

Es gibt ein Sprichwort, das besagt: „Die Länge trägt die Last." Es ist erstaunlich, wie Menschen schwere Schicksalsschläge hinnehmen können und nicht darunter zerbrechen. Krankheit, Unfall, Feuersbrunst, Verlust des Vermögens, Flüchtlingsdasein, Gefangenschaft, Tod — all diese schrecklichen Erfahrungen gehören in das Leben von Menschen hinein. Kaum einer bleibt davon verschont. Mit großer innerer Stärke werden solche Bedrohungen ertragen, wenn sie zeitlich begrenzt sind. Erstreckt sich aber ein Leid über eine sehr lange Zeit, dann verläßt uns oft der Mut, und wir sind verzweifelt. Wie lange, Herr, wie lange noch, fragen wir.

Hier in unserem Kapitel 19 gewinnen wir den Eindruck, als ob Hiob der Atem ausginge. Er verliert die Geduld. Die Not hat bei ihm ein Maß erreicht, das nicht mehr überschritten werden darf. Seine Nerven sind zum Zerreißen angespannt. Einmal muß mit seinem Elend Schluß sein. Kommen dann noch sogenannte Freunde mit frommen, aber nichtssagenden Sprüchen, dann kann auch ein Mann wie Hiob die Beherrschung verlieren. Wer solchen Qualen ausgesetzt ist, reagiert äußerst sensibel, wenn sich durch unbedachte Worte das Leid bis ins Unerträgliche steigert.

Die drei Freunde verletzen mit ihrem selbstgefälligen und überheblichen Auftreten Hiob. Ihre Rede ist von Härte, Lieblosigkeit und Unverständnis gezeichnet. Hiob ist kein Dummer, er hat ihre insgeheimen Anklagen und Beschuldigungen klar herausgehört. Sie lassen einfach nicht von dem Gedanken ab, daß Hiob sich wohl durch schwere

Versündigungen selbst in diese aussichtslose Lage gebracht hat. Gott straft nie einen Unschuldigen, beteuern sie. Im Grunde treiben sie ein heuchlerisches Spiel mit dem Geschundenen. Sie geben vor, ihn trösten zu wollen, verdächtigen ihn aber mit ungeheuren Anschuldigungen. Das Gemeine daran ist, daß sie nicht offen ihre Bedenken aussprechen, sondern nur unterschwellig und verschlüsselt ihre Anklagen vorbringen.

Wie ein Stier, der vom Speer des Toreros getroffen laut aufbrüllt, so schreit Hiob und rauft sich die Haare: „Wie lange plagt ihr noch meine Seele mit Worten? Wie lange?" Einmal verhöhnt und beschuldigt zu werden, ist schon schlimm, aber bei Hiob ist es schon das zehnte Mal, daß die Freunde ihn mit Streitgesprächen und bösen Anklagen bestürmen. „Laßt mich endlich in Ruhe!" schreit sein gequälter Geist. „Habe ich gefehlt, bin ich schuldig geworden, dann muß ich mich selbst dafür verantworten. Habe ich wirklich geirrt, so trage ich meinen Irrtum selbst. Ich brauche euch nicht länger als Verkläger. Wie Spürhunde heftet ihr euch an meine Fersen und wollt mich zu Fall bringen. Ich kann eure Rede nicht länger mehr anhören. Meine Geduld ist am Ende. Merkt ihr denn gar nicht, wie Gott mir Unrecht tut? Tröstung und Ermutigung brauche ich, ihr aber haut immer in die gleiche Kerbe und beschuldigt mich eines bösen Tuns. Ihr geht davon aus, daß Gott einen Gerechten nicht strafen wird. Aber auf mich trifft diese Erkenntnis nicht zu. Ich bin mir keiner Schuld bewußt. Auch wenn ich zum Allmächtigen schreie, dringt mein Rufen doch nicht an seine Ohren. Im Leeren verhallen meine Worte. Recht widerfährt mir nicht. Gott hat meinen Weg verzäunt. Ich bin in die Enge getrieben. Ich sehe keinen Ausweg mehr. Um mich herum ist es dunkel, und in mir sehe ich keinen Schimmer von Licht. Ich bin am Verzweifeln. Meine Anfechtungen sind nicht länger zu ertragen. Du, Gott, hast mir meinen Besitz genommen, alle meine Kinder sind durch ein Unglück ums Leben gekommen, der Aussatz frißt mich auf. Ich bin kein Mensch mehr, denn bei lebendigem Leibe verfaulen meine Glieder. Jeder, der mich sieht, macht einen weiten Bogen um mich. Zum Gespött der Leute bin ich geworden. Meine Ehre ist mir genommen."

Können wir Hiobs Klagen ein Stück nachempfinden?

Sicher in diesem Ausmaß nicht, aber jeder kennt wohl Situationen, in denen er verspottet wurde oder zumindest mit negativem Gerede konfrontiert wurde.

Nach einer gesegneten Tagung, bei der ich Vorträge zu halten hatte, sagte eine Teilnehmerin zum Abschied: „Na Frau Bormuth, werden Sie in nächster Zeit wieder herumreisen, oder bleiben Sie endlich mal zu Hause und bringen erst mal Ihren Haushalt in Ordnung?" Ich fühlte mich durch diese spöttische Frage diskriminiert, zumal noch 12 andere Damen um mich herumstanden und alles mitgehört hatten. Es ärgerte mich auch besonders, weil diese Frau mit ihrer häßlichen Kritik noch nie einen Fuß über unsere Schwelle gesetzt hatte. Wie kam sie dazu, den Eindruck zu erwecken, bei uns sei alles verlottert und in Unordnung? Mit dieser bitteren Bemerkung hat sie meinem Ansehen geschadet.

Wie leicht kann ich da in Wehleidigkeit und Selbstmitleid geraten. Es war mir eine Hilfe, als ich bei Martin Luther ein treffendes Zitat fand, das sich gegen Menschen richtet, die sich vom Teufel zu solch häßlichem Reden und Spotten mißbrauchen lassen. Luther sagt: „Man muß ihm, dem Affen Gottes, tüchtig auf die Schnauze schlagen." Solch derber Humor wider die Spötter tut uns wohl. Nur nicht sich allzulange mit Hohn und Niedertracht beschäftigen.

Einmal schrieb mir eine Frau einen sehr verletzenden Brief.

„Frau Bormuth!
Sie finden große, schöne Worte über Ehe und Familie, aber bei Ihnen scheint ja auch nicht alles im Lot zu sein. Es scheint zwischen Ihnen und Ihrem Mann heftig zu kriseln. In Ihren Büchern schreiben Sie fast nur von Ihren Kindern

und Ihrem Einsatz im Reich Gottes, aber Ihr Mann findet
fast gar keine Erwähnung. Sind Sie zerstritten?"

Über diese Zeilen war ich sehr verärgert und beschwerte mich bei meinem Mann. Er aber tröstete mich in seiner humorvollen Art: „Weißt du, Lotte, wenn mich wieder mal jemand fragen sollte, wie es mir in meiner Ehe und Familie geht, dann antworte ich ihm: ‚Ach wissen Sie, meine Frau vernachlässigt mich, die Kinder sind mißraten, der Haushalt total verkommen und chaotisch. Wir haben nichts zu beißen und zu knabbern, nagen schon am Hungertuch, und wenn ich einmal sterben werde, wird meine Frau kaum Zeit finden, mich zu beerdigen."

Sicher ist dies ein etwas makaberes Beispiel. Aber wir tun uns den besten Dienst, wenn wir solch oberflächlichem, klatschsüchtigem Gerede keine Aufmerksamkeit schenken, sondern es ins Lächerliche ziehen. Ich weiß, diese beiden negativen Erfahrungen stehen in keinem Verhältnis zu Hiobs Qualen. Aber vielleicht hellen sie die düstere Situation ein wenig auf.

Auch Hiob muß Spott ertragen, ja er fühlt sich geächtet und geschmäht. In eindrucksvollen Bildern schildert er uns seinen Zustand. Ihm ist zumute, als würde man ihn durch den Schmutz ziehen. Alle Hoffnungen sind ihm wie ein Baum ausgerissen. Gott hat ihn zerschlagen, und er stellt sich gegen ihn wie ein Feind. Es gibt keinen größeren Schmerz, keine schlimmere Verzweiflung, als Gott gegen sich zu haben. Wer meint, Gott zum Feind zu haben, der wird von Entsetzen gepackt, und er gerät in eine Anspannung, die ihm fast die Seele aus dem Leib reißt. Hiob ist ein Geplagter, ein Geschundener, ein Verlassener.

Wer würde an dieser Stelle nicht auch an Jesus erinnert, wie er im Todeskampf auf Golgatha Qualen für uns erlitt?

In eindrucksvoller Weise hat Wilhelm Busch, dieser so gesegnete Pfarrer, das Leiden Jesu beschrieben: „Dort hängt Jesus am Kreuz. Sieh die Striemen der Geißelung! Sieh die Dornenkrone, die durchbohrten Hände! Drängt sich dir nicht die Frage auf die Lippen: ‚Wer hat dich so geschlagen, mein Heil, und dich mit Plagen so übel zugericht't?' Auf diese Frage gibt Paul Gerhardt dir im selben Lied eine Antwort: ‚Ich, ich, und meine Sünden, die sich wie Körnlein finden des Sandes an dem Meer, die haben dir erreget das Elend, das dich schläget, und das betrübte Marterheer.'"

Es ist meine Schuld, die Jesus unsichtbar für die Menschen auf sich nimmt, damit er mit seinem Blut für sie einstehe und mich mit dem Vater im Himmel versöhne. In entsetzlicher Anfechtung schrie Jesus auf: „Mein Gott, mein Gott, warum hast du mich verlassen?" Jesus fühlt sich vom Vater im Himmel verstoßen. Psalm 22 schildert uns in bewegender Art die Leiden des Gottessohnes.

Aber erinnert uns dieser Psalm nicht auch an die Leiden des Hiob? Wo ist jemals die seelische Not eines Menschen in der Weltliteratur ergreifender geschildert worden als hier im 19. Kapitel? Wer wissen will, was Vereinsamung ist, lese nur die wenigen Verse. Seinen eigenen Verwandten und Brüdern ist Hiob fremd geworden. Alle, die ihm früher nahestanden, haben sich von ihm zurückgezo- gen. Keiner will mehr etwas mit ihm zu tun haben. Sogar seine besten Freunde haben sich von ihm abgesetzt. Die drei, die ihn jetzt bedrängen, sind im Grunde auch keine Freunde. Hiobs Hausgenossen und Mägde wollen ihn nicht mehr kennen. Lamparter schreibt zu dieser Textstelle: „Es gibt einen Grad der Verelendung, der für den Betroffenen das Ausgestoßenwerden aus der menschlichen Gesellschaft zur Folge hat." Genau dies hat Hiob erfahren müssen.

Das Gesinde, das ihm früher zu Diensten stand, begegnet ihm nun mit frechen Reden und verweigert ihm den Gehorsam. Keiner will etwas für ihn tun. Wie ein Geächteter muß er leben und leiden.

Allen Menschen, denen er begegnet, ist er ein Greuel und Scheusal. Wir ahnen ja kaum, wie schrecklich Vereinsamung einen Menschen befallen kann. Es gibt Zeugnisse in der Literatur, die solche Qualen schildern.

Mir steht Jochen Klepper vor Augen. Wunderbare Lieder hat er gedichtet. Von der Vielzahl seiner Liedschöpfungen will ich nur das Weihnachtslied erwähnen. Viele kennen es, und wer es einmal gesungen hat, den schlägt es in seinen Bann:

„Die Nacht ist vorgedrungen, der Tag ist nicht mehr fern.
So sei nun Lob gesungen dem hellen Morgenstern.
Auch wer zur Nacht geweinet, der stimme froh mit ein.
Der Morgenstern bescheinet auch deine Angst und Pein.

Noch manche Nacht wird fallen auf Menschenleid und -schuld.
Doch wandert nun mit allen der Stern der Gotteshuld.
Beglänzt von seinem Lichte, hält euch kein Dunkel mehr.
Von Gottes Angesichte kam euch die Rettung her.

Gott will im Dunkel wohnen und hat es doch erhellt!
Als wollte er belohnen, so richtet er die Welt!
Der sich den Erdkreis baute, der läßt den Sünder nicht.
Wer hier dem Herrn vertraute, kommt dort aus dem Gericht.

Wieviel Vertrauen in Gottes Hilfe und Rettung spiegelt sich in den Strophen wider. Klepper weiß, wovon er spricht. Seine Tränen, bei Nacht geweint, offenbaren die tiefe Traurigkeit und Angst. Er war mit einer Jüdin verheiratet und bangte um ihr Leben und das seiner beiden Töchter. Die ältere konnte nach Schweden ausreisen und entging so dem Holocaust. Um die Jüngste kämpfte er mit allen ihm zur Verfügung stehenden Mitteln, mußte sich aber dann geschlagen geben. Bis zu Adolf Eichmann war er vorgedrungen, um das Visum zur Ausreise zu erlangen. Aber all sein Bemühen war vergeblich. Der Gedanke, daß seine Frau und die Tochter in die Gaskammern deportiert werden könnten, verursachte ihm Todesangst. Er suchte Hilfe in der Bibel, und sein Ringen, das er in seinem Tagebuch beschreibt, geht einem zu Herzen.

Ich zitiere in Auszügen: „Gott weiß, daß ich es nicht ertragen kann, Hanni und das Kind in diese grausamste und grausigste aller Deportationen gehen zu lassen. Er weiß, daß ich ihm dies nicht geloben kann, wie Luther es vermochte: ‚Nehmen sie den Leib, Gut, Ehr, Kind und Weib, laß fahren dahin –.' Leib, Gut, Ehr – ja! Gott weiß aber auch, daß ich alles von ihm annehmen will an Prüfung und Gericht, wenn ich nur Hanni und das Kind notdürftig geborgen weiß ...

Gelingt Renerles Ausreise, so soll das Kind in all seinem Jammer doch weiterleben ... Das Letzte ist besprochen. Noch schreibe ich dies in der Hoffnung, daß ich es dereinst, den Weg meines Lebens, Gottes Weg in meinem Leben, überblickend wiederlesen werde.

Aber was jetzt begonnen hat, ist uns nicht mehr unfaßlich. Es ist auf furchtbare Weise ganz in das Bewußtsein eingegangen.

Ein dunkler, stürmischer, milder, trüber Tag – wie verdämmerndes und verwehendes Geschick.

Gott ist größer als unser Herz. – Das Wort soll uns in den Tod begleiten.

Noch ist eine Hoffnung, eine ganz schwache Hoffnung.

Hanni ist keiner Träne mehr fähig.

Diese stillen, stillen, dunklen, trüben Tage. So lind, so voller Trauer des Himmels.

‚Wenn der Herr die Gefangenen Zions erlösen wird, dann werden sie sein wie die Träumenden.'

Noch ein Tag so qualvollen Wartens. Und doch geht alles so rasch. –

10. Dezember 1942, Donnerstag, nachmittags die Verhandlung auf dem Sicherheitsdienst.

Wir sterben nun – ach, auch das steht bei Gott. –

Wir gehen heute nacht gemeinsam in den Tod.

Über uns steht in den letzten Stunden das Bild des Segnenden Christus, der um uns ringt.

In dessen Anblick endet unser Leben."

So gibt es Lebensführungen, die uns unbegreiflich

erscheinen. Wie viele Menschen hat Jochen Klepper mit seinen Liedern und Büchern trösten können. Er selbst jedoch durchlitt Höllenqualen um seine jüdische Frau und Tochter. In seiner Verzweiflung sah er nur noch im Selbstmord einen Ausweg. Es steht uns nicht zu, dieses Schicksal zu beurteilen. Uns bleibt nur die Trauer, die Anteilnahme und die Hoffnung, daß Gott auch über Jochen Klepper und seinen Lieben das letzte Wort spricht, und es wird immer ein barmherziges Wort sein.

Hiob hat in seinem grenzenlosen Leid die Frage der Selbsttötung nicht aufkeimen lassen. Sterben wollte er schon, aber immer sterben durch Gottes Willen. Er wählt den Weg, Gott zu verklagen und im Schreien seinem Herzen Luft zu machen. Er wendet sich an seine Freunde und ruft gequält aus: „Erbarmt euch mein, ihr meine Freunde! Erbarmt euch, denn die Hand Gottes hat mich getroffen." Noch einmal streckt Hiob seine Hände nach den Freunden aus. Er muß sein Leid nicht ganz allein tragen. Die drei weitgereisten Männer sind noch in seiner Nähe. Der Groll, die Bitterkeit gegen diese leidigen Tröster, wie er sie in seinen Streitgesprächen genannt hat, verstummen. Er richtet flehentlich seine Augen auf zu ihnen. „Schaut mich an! Schaut, wie ich geschlagen bin. Hart hat mich die Hand Gottes getroffen. Aber bei aller Schwere begreife ich jetzt: Ich weiß, mein Erlöser lebt!"

Dies ist wohl die schönste und tiefste Erfahrung, die ein Glaubender machen darf. Im Aufblick zum Allmächtigen wird sie ihm geschenkt.

Es sind die gewaltigsten, wunderbarsten Worte, die je ein Mensch über seine Lippen bringen konnte. Der Erlöser lebt, und damit bricht Hoffnung bei Hiob auf. Gott selbst greift ein und schenkt dem Leidenden einen neuen Blick. Hiob, der sich in den Händen Satans glaubte und seinen Würgegriff verspürt hat, darf nun aufatmen. Nein, er wird nicht hinsterben, er darf leben.

Hiob rechnet felsenfest mit Gottes Eingreifen.

Wie Hiob zu dieser Gewißheit kommt, wird wohl ein Geheimnis bleiben, wie ja die größten Ereignisse auch bei uns immer Geheimnis sind. Hiob ist sich gewiß: Er wird einmal Gott schauen. Noch sitzt er auf seinem Aschenhaufen und leidet unter seinen schrecklichen Wunden. Noch beschattet ihn die dunkle Wolke. Aber an einer Stelle ist der Himmel schon aufgerissen, und der Geschundene weiß: Ich werde meinem Erlöser begegnen. Er lebt und mit ihm auch ich.

Da zeichnet sich schon die Auferstehungshoffnung des Neuen Testaments ab, wenn Jesus sagt: „Ich lebe, und ihr sollt auch leben! Der Tod ist verschlungen im Sieg Jesu Christi."

Es gibt eine Passionspredigt von H. Fr. Kohlbrügge, die uns diese Schau verdeutlicht. Er schreibt: „Darum, wenn ich sterbe, und es findet jemand meinen Schädel, so predige es ihm dieser Schädel noch: Ich habe keine Augen, dennoch schaue ich Ihn; ich habe keine Lippen, dennoch küsse ich Ihn; ich habe keine Zunge, dennoch lobsinge ich Ihm; ich habe kein Gehirn noch Verstand, dennoch umfasse ich Ihn. Ich bin ein harter Schädel, dennoch bin ich erweicht und zerschmolzen in seiner Liebe: Ich liege hier draußen auf dem Gottesacker, dennoch bin ich drinnen im Paradies! Alles Leiden ist vergessen. Das hat uns seine große Liebe getan, da er für uns Sein Kreuz trug und hinausging gen Golgatha."

Dies ist auch das Bekenntnis des Hiob. Er hat die Gewißheit: Mein Erlöser lebt! Ich werde ihn von Angesicht zu Angesicht in seiner Schöne schauen.

Lamparter schreibt zu dieser Textstelle: „Ein erster Morgenstrahl der kommenden Erlösung ist in Hiobs tränenblinde Augen gefallen. Und es ist merkwürdig mit dieser aufgehenden Christussonne: Während die irdische Sonne bei ihrem Aufgang zuerst die höchsten Bergspitzen beleuchtet, ist es bei dieser Gnadensonne gerade umgekehrt: In den dunkelsten Tiefen wird man zuerst ihres aufgehenden Scheins gewahr. In der ausweglosen Nacht der Verzweiflung bricht Hiob zu der Gewißheit durch: Mein Retter lebt!"

Wie ein Christuszeuge unserer Tage Jesus als seinen Retter in größter Anfechtung erlebte, davon weiß Pfarrer Wilhelm Busch zu berichten:

„Ich möchte in aller Deutlichkeit sagen: Der lebendige Gott kann einem ganzen Volke gegenüber schweigen und ihm nichts mehr zu sagen haben. Aber er redet zu seinen Kindern. Dies möchte ich Ihnen mitgeben. Fürchten Sie nichts mehr, als daß Sie unter Gottes völliges Schweigen geraten könnten!

Aber zu seinen Kindern will er reden. Als ich in die Gewalt der Geheimen Staatspolizei geraten war, da befreite er mich von der Angst vor ihnen, weil ich eine größere Angst kennenlernte. Davon will ich erzählen.

Ich war zum ersten Mal im Gefängnis. Ich geriet in schreckliche Angst, Verzweiflung und Not, bis ich auf einmal merkte, daß Gott mit mir reden will. Und dann redete Gott mit mir über mein Leben. Das habe ich bei jeder Haft so erlebt. Zuerst ist das Herz empört, aber dann wurde es still, und ich vernahm seine Worte, und er ging mein Leben mit mir durch. Ich erkannte allen Hochmut, alle Unreinheit, alle Lügen und alle Lieblosigkeiten. Auf einmal merkte ich, daß Gott zornig auf mich war. Gottes Zorn loderte in meiner kleinen, kalten Zelle auf. Wenn sonst den Menschen solche Gedanken kommen, daß Gott mit ihnen reden möchte, dann laufen sie einfach weg, gehen ins Kino oder machen Betrieb. Aber hier konnte ich nicht weglaufen. Das war das Schauerliche und der Segen zugleich, daß Gott mich hier in diesen vier Wänden festhielt und zu mir sprach: Jetzt rede ich mit dir. Du verfluchter Sünder! Und alles, was ich getan hatte, flog wie Scherben zu Boden. Ich weiß heute, wie es am Jüngsten Tag sein wird, das kann ich alles sagen. Wo Gott uns das Leben vor die Füße wirft, überkommt uns ein Schaudern, unsere Sünden stehen da, nackt und bloß. Irren wir uns nicht, Gott läßt sich nicht spotten. Damals habe ich gelernt, was Hölle ist. Hölle ist, daß man in Ewigkeit unter dem Zorn Gottes bleibt. Ich weiß sonst nichts, wie die Hölle aussieht, aber das weiß ich: Ich bin weggeworfen, ausgetan aus der Gemeinschaft mit Gott. Ich verlor die Angst vor der Geheimen Staatspolizei, weil ich Angst vor Gott lernte. Ich will Sie, meine lieben Zuhörer, fragen: Haben Sie schon mal Angst vor Gott gehabt? Wenn nicht, dann haben Sie noch gar nicht angefangen, die Wirklichkeit zu sehen. Gott ist ein heiliger Gott. Er umgibt uns mit seiner Nähe, und die Menschheit kümmert sich einen Dreck um ihn und tritt seine Gebote mit Füßen. Das geht doch nicht! Vielleicht muß Gott einen jeden von uns so in die Stille führen, damit wir nicht gleich weglaufen können.

Als ich dachte: Mann, du bist verloren, abgrundtief verloren, da kam Jesus, ja Jesus kam zu mir in die Zelle und zeigte mir seine Hände mit den Nägelmalen, und auf einmal begriff ich, was ich tausendmal gewußt habe: ER hat meine Sünden weggetragen. ‚Die Strafe liegt auf ihm, auf daß ich Frieden habe.' Jesus macht mich gerecht vor Gott. Er ist mein Friede. Es wurde hell in meiner Zelle. Sie wurde zum Tempel Gottes. Mir ging es beinahe so wie den Priestern des Königs Salomon, als der Tempel eingeweiht wurde. Da wurde der Tempel so mit Herrlichkeit erfüllt, daß die Priester nicht mehr stehen konnten. Sie mußten raus, raus. Ich aber konnte nicht raus. Ich hielt es beinahe nicht mehr aus vor Freude, daß ich einen Heiland habe, der vom Kripplein bis zum Grabe, bis zum Thron, da man ihn ehret, mir, dem Sünder, zugehöret! Da bekam ich Frieden, Frieden ins Herz, Frieden wie ein Strom, der mich zum Kind Gottes macht, daß ich die ganze Welt auslachen kann, dem Teufel ins Gesicht lachen kann, und seinen Trabanten gleich zweimal.

Gott kann einem ganzen Volk gegenüber schweigen, aber er redet mit seinen Kindern. Und das ist Herrlichkeit mitten in aller Anfechtung.

Dies ist das Wunder, von dem Luther im Katechismus spricht: ‚Der mich verlorenen und verdammten Menschen erlöst hat, erworben und gewonnen von allen Sünden. Nicht mit Gold oder Silber, sondern mit seinem heiligen teuren Blut, auf daß ich sein eigen sei!"

118

Diese Erfahrung hat schon ein geschundener, gequälter Mann wie Hiob machen dürfen. In prophetischer Schau ruft er aus: „Ich weiß, daß mein Erlöser lebt!"

Wer in der Tiefe seines Herzens dies erlebt hat, wird gerettet und kommt in den Himmel. Christen sind beneidenswerte Leute!

Hiob beugt sich vor Gott

Hiob 42,1-17

Das letzte Kapitel des Hiobbuches bringt die Wende, und Gott zeigt dem Geplagten sein großes Erbarmen. Es gehört mit zum einschneidendsten Erleben, wenn ein Mensch zu der Erkenntnis gelangt: Gott vermag alles. Er ist Herr des Weltgeschehens und hält auch mich fest in seiner Hand. Sein Handeln ist mir zwar oft verhüllt und unbegreiflich, aber der Herr behält recht. Er spricht das letzte Wort, und es wird immer ein barmherziges Wort sein. Es kommt nie zu früh, aber auch nie zu spät. Diesem Gott sollten wir Ehre erweisen und uns vor ihm beugen. Er ist der Allmächtige.

Wie sehr hat Hiob geklagt und angeklagt, gehadert und geschrien. Seine Argumente hat er Gott entgegengeschleudert. Nun muß er zu seiner Schande erkennen: Ich bin voreilig und leichtfertig gewesen. Es hätte mir in meinem unsagbaren Leid besser angestanden, wenn ich meine Hand auf den Mund gelegt und geschwiegen hätte. Bei Gott kann ich auf tausend Fragen nicht eine einzige beantworten. Wie anmaßend und töricht bin ich gewesen.

Hiob hat versucht, sich in seinem qualvollen Leid vor den Freunden zu rechtfertigen. Immer wieder hat er beteuert: „Ich will nicht von meiner Unschuld abweichen. Von meiner Gerechtigkeit, die ich habe, will ich nicht lassen. Gott kennt meinen Weg wohl. Er versucht mich, so will ich erfunden werden wie das Gold, denn ich setze meinen Fuß auf seine Bahn und halte seinen Weg und weiche nicht ab und trete nicht von dem Gebot seiner Lippen und bewahre die Rede seines Mundes mehr denn mein eigen Gesetz" (Hiob 23,10-12).

Gewiß, verstanden hat er es nie, daß es den Gottlosen so gut erging und er, der Fromme, der Gott über alles liebte, solche Qualen zu erdulden hatte. Wie eine bedrohliche Sturmflut bricht der Schrei aus seinem Innersten:

„Siehe, ob ich schon schreie über Frevel, so werde ich doch nicht erhört; ich rufe, und ist kein Recht da.

Er hat meinen Weg verzäunt, daß ich nicht kann hinübergehen, und hat Finsternis auf meinen Steig gestellt.

Er hat meine Ehre mir ausgezogen und die Krone von meinem Haupt genommen.

Er hat mich zerbrochen um und um und läßt mich gehen und hat ausgerissen meine Hoffnung wie einen Baum.

Sein Zorn ist über mir ergrimmt, und er achtet mich für seinen Feind.

Er hat meine Brüder ferne von mir getan, und meine Verwandten sind mir fremd geworden. Meine Nächsten haben sich entzogen, und meine Freunde haben mich vergessen.

Mein Odem ist zuwider meiner Frau, und ich bin ein Ekel den Kindern meines Leibes.

Mein Gebein hanget mir an Haut und Fleisch! Denn die Hand Gottes hat mich getroffen" (Hiob Kap. 19 ff.).

Das Geheimnis seiner Leiden hat Gott ihm nicht erschlossen, aber er hat Hiob innerlich überwunden. Dieser bekennt: „Ich habe mich über dich erhoben, deinen Rat habe ich im Unverstand verdunkelt, gewähre mir die Bitte, laß mich mit dir reden. Ich will dich fragen, und du sollst mich lehren."

Wie hat es Gott erreicht, daß Hiob zu solcher Einsicht fand und erkennen mußte: Ich bin nur ein Wurm, ich kann deine Führungen gar nicht begreifen? Wer bin ich denn, daß ich mir anmaße, ich könnte in deinem Handeln ein Wörtchen mitreden?

Gott hat ihm Fragen über Fragen gestellt. Einige will ich herausgreifen:

„Wo warst du, da ich die Erde gründete? Sage an, bist du klug?

Wer ist der, der den Ratschluß verdunkelt?

Weißt du, wer der Erde das Maß gesetzt hat?

Wer hat die Tropfen des Taus gezählt?

Kannst du den Morgenstern hervorbringen zu seiner Zeit?

Weißt du des Himmels Ordnungen, oder bestimmst du seine Herrschaft über die Erde?

Kannst du die Blitze herausfahren lassen, daß sie hinfahren und sprechen zu dir: ‚Hier sind wir!‘

Wer gibt dir Weisheit in das Verborgene?

Wer ist so weise, daß er die Wolken zählen kann?

Wer bereitet den Raben die Speisen, wenn ihre Jungen zu Gott rufen und fliegen irre, weil sie nichts zu essen haben?"

Die Kapitel 38 und 39 stellen diese Fragen, und es stände uns gut an, sie in aller Stille auf uns wirken zu lassen. Da wird uns bewußt, wie wir vor Gott in seiner Allmacht und Größe stehen müssen: ehrfürchtig und gebeugt.

Auch Hiob begreift: Ich muß mich vor Gott bescheiden.

Pfarrer Wilhelm Buschs Erinnerungen veranschaulichen diese Sichtweise: „Ich wußte nicht, was auf mich zukam, ich wußte es wirklich nicht. Und dann ereignete sich dieser schreckliche Augenblick, wo die SS-Männer mich in ein offenes Auto setzten, vorne saß ein baumlanger Kerl, daneben noch einer. Ich mußte mich auf den Rücksitz zum Kommissar setzen. Es war ein großer Mercedes, ein etwas altmodisches Modell. Rings um mich herum standen Tausende von Menschen, die aus der Kirche, in der ich soeben noch gepredigt hatte, herbeigeeilt waren. So eine Verhaftung spricht sich in Windeseile herum. Auch aus der Stadt kamen die Leute. Ich hatte Angst, was geschehen könnte, wenn mich die Menschen jetzt befreien wollten. Das wäre das Schrecklichste, was mir passieren könnte, denn vielleicht könnte meine Familie dadurch in Schwierigkeiten geraten, festgenommen oder bedroht werden. Ich konnte nur zu Gott schreien, daß die Leute ruhig bleiben. Und dann geschah etwas, was ich ein Leben lang nicht mehr vergessen werde. Es war eine Erregung um mich herum, eine knisternde Spannung, die Leute schrien: ‚Pastor Busch hat doch gar nichts Politisches geredet. Jesus Christus ist der Herr, das hat er verkündigt. Darf man davon nicht mehr reden?‘

Und dann steht oben auf der Kirchentreppe ein junger Mann, ich bin ihm nie wieder begegnet, und ruft über die erregte Menschenmenge hinweg den Vers, den Blumhardt so machtvoll hinausposaunte: ‚Daß Jesus siegt, bleibt ewig ausgemacht!‘

Da wurde neben der Macht Hitlers die Allmacht Jesu öffentlich proklamiert. Ehe die SS-Männer ihn ergreifen konnten, war er schon in der Menge verschwunden.

‚Fahr doch los!‘ brüllte der SS-Mann dem Fahrer zu. Dieser wurschtelte schon eine Zeitlang am Auto herum, der Wagen wollte einfach nicht anspringen.

Es war, als wenn einer die Räder festhielt. Es war ein guter Wagen, aber er fuhr nicht.

‚Fahr doch los!‘ brüllte der SS-Mann noch lauter.

Und plötzlich stimmte die Menge das Lied an:

‚Ist Gott für mich, so trete gleich alles wider mich;
sooft ich ruf und bete, weicht alles hinter sich.
Hab ich das Haupt zum Freunde und bin geliebt bei Gott,
was kann mir tun der Feinde und Widersacher Rott?

Nun weiß und glaub ich feste, ich rühm's auch ohne Scheu,
daß Gott, der Höchst und Beste, mein Freund und Vater sei,
und daß in allen Fällen er mir zur Rechten steh
und dämpfe Sturm und Wellen und was mir bringet Weh.'

Es war ein brausender Gesang.

‚Fahr doch!‘ schrie der SS-Mann noch einmal, und dann setzte sich der Wagen in Gang. Gott hatte das Auto angehalten. Dieses machtvolle Bekenntnis mußten die Gestapo-Leute noch mit anhören. Dieses Zeugnis galt ihnen.

Und dann kam ich in eine Zelle. Aber das war kein ordentliches Gefängnis, in das ich da eingeliefert wurde, sondern eine Haftanstalt der Geheimen Staatspolizei. Das waren besondere Gefängnisse. Ich kam in eine Zelle, die war so breit, daß ich beide Wände mit angewinkelten Armen berühren konnte. Oben war ein kleines Fenster. Zweieinhalb Schritte konnte ich hin- und herlaufen. Ich dachte nach zwei Tagen: Da werde ich noch wahnsinnig. Es gibt nichts zu lesen, nichts zu arbeiten. Ich dachte, ich müßte verrückt werden. Ich fühlte mich vom Reich des Bösen umschlossen. Aber an dieser Grenzsituation ging mir schlagartig auf: Du gehörst doch dem, der dich erkauft hat. Gott läßt doch sein Eigentum nicht los. Ich kann es nur so ausdrücken: Da kam Jesus zu mir in die Zelle. Das Schwärmerische verliert man in solch enger, kalter, schmutziger Zelle. Da lernt man die Realität, die Wirklichkeit kennen, da lernt man sein eigenes Herz kennen. Ich habe Zeiten erlebt, da hielt mir Gott alle meine Sünden vor. Ich sah mich, so wie ich bin: ein verlorener Mensch, abgrundtief verloren. Und dann sah ich Jesus für mich gekreuzigt. Und er kam zu mir.

Als meine Frau mich mal nach meiner Verhaftung besuchen durfte, da erschrak sie. ‚Wilhelm, wie siehst du denn aus? Bleich, unrasiert, mager', — heute ist dies alles längst vorbei.

Da sagte ich: ‚Moment mal, um euch muß man Angst haben, um euch! Wieviel Zeit habt ihr zum Beten? Wieviel Zeit hast du am Tag, Gott zu loben?

Mein Tagesablauf sieht so aus:

Von sieben bis acht: Gott loben.

Von acht bis neun: Fürbitte.

Von neun bis zehn: Psalmen aufsagen.

Von zehn bis elf: Turnübungen.

Von elf bis zwölf: Gott loben.

Dreimal am Tag eine Stunde Gott loben. Das ist Herrlichkeit Gottes in meiner Zelle. Um euch draußen muß man Angst haben, um mich nicht!'"

Das war das Erleben von Pastor Wilhelm Busch. Ich will wieder zu Hiob kommen.

Alle Anstrengungen der Freunde haben nicht zu dieser Erkenntnis des Willen Gottes führen können, nur in der Begegnung mit Gott kommt Hiobs Herz zur Ruhe, und er beginnt das rechte Augenmaß anzulegen. Aber noch sitzt Hiob im Elend. Er hockt auf der grauen Asche und schabt sich mit einer Scherbe seine Wunden. Der Juckreiz quält ihn ganz entsetzlich. Seine Haut ist durch den Aussatz vom Fleisch abgefault. Stinkend ist sein Körper geworden. Blickt man ihn an, dann überkommt einen der Ekel. Noch immer ist seine Klage nicht in einen Reigen verwandelt.

Was aber hat den Hader und den Zorn Hiobs gebremst? Wodurch wurde in ihm Reue geweckt, daß er es wagte, mit Gott zu rechten?

Vers fünf gibt die Antwort:

„Ich hatte von dir mit meinen Ohren gehört, aber nun hat mein Herz dich gesehen." Gott von Angesicht zu Angesicht zu sehen, darin liegt für ihn das Heil und die Heilung. Gott ist ihm begegnet, sein Auge hat ihn geschaut.

Aber war Gott nicht schon immer Hiobs Freund, sein Berater und Helfer?

Das erste Kapitel des Hiobbuches zeigt uns, wie innig Hiob mit Gott verbunden war. Und doch ist dies hier eine ganz neue Erfahrung. Hiob hat früher nur von Gott gehört, nun aber darf er Gott mit seinen eigenen Augen sehen.

Gott schauen, das ist Gnade, unverdiente Gnade. Der Schöpfer Himmels und der Erde offenbart sich ihm in seiner wunderbaren Herrlichkeit. Er darf nicht nur glauben, sondern er darf schauen. Der Herr redet zu ihm wie zu einem Freund. Nur wenigen Sterblichen wird diese Gnade zuteil. Mose durfte Gott von Angesicht zu Angesicht sehen. Jesaja, dieser gewaltige Prophet, sah den Herrn auf einem Thron sitzen. Engel umgaben ihn, und der Himmel war erfüllt von ihrem Lobpreis: „Heilig, heilig ist der Herr Zebaoth; alle Lande sind seiner Ehre voll!"

Ganz bange wird dem Propheten vom Anblick Gottes, und er erkennt seine Erbärmlichkeit: „Weh mir, ich vergehe, denn ich bin unreiner Lippen!" Die Schau der Herrlichkeit Gottes bewirkt beim Propheten die Einsicht in seine eigene Verwerflichkeit. Da bedarf es des Zuspruchs: „Siehe, hiermit sind deine Lippen berührt, daß deine Missetat von dir genommen werde und deine Sünde versöhnt sei." Ein Seraphim legte ihm eine glühende Kohle auf den Mund zum Zeichen, daß seine Lippen gereinigt sind. Auch wir brauchen die Berührung durch Gott, damit unsere Lippen, unser Herz, unser Denken gereinigt werden.

Auch über Hiob leuchtet das Antlitz Gottes auf, und er begreift: Gott ist nicht länger mein Feind, sondern mein Freund. Alles Mißtrauen ist ausgeräumt. Hiob weiß, Gott ist treu, er steht zu mir, ich bin nicht in der Hand des Feindes, sondern in Gottes Hand. Scham erfüllt ihn. Ach, wie konnte ich nur so arge Gedanken gegen Gott hegen? In Staub und Asche möchte er Buße tun. Ihn reut es, daß er gegen Gott geklagt hat. Er hat die Grenzen überschritten, die Gott zwischen sich und den Menschen gezogen hat, und so tut Hiob feierlich Abbitte.

Die Herrlichkeit, der Glanz, die Liebe, die Hiob hat sehen dürfen, haben ihn in die Buße geführt. Die Bedeutung wahrer Buße hat sich bei diesem Gottesknecht erfüllt. Er darf wieder zum göttlichen Ursprung zurückfinden. Wer würde hier an dieser Stelle nicht an das Wort erinnert: „Weißt du nicht, daß dich Gottes Güte zur Buße führt?"

Es stellt sich uns hier die Frage: Dürfen wir auch Gott sehen? Wird uns diese Gnade zuteil? Sicher nicht in der Form, wie es einem Hiob geschenkt worden ist. Aber in der Person Jesu Christi wird auch uns diese göttliche Schau geschenkt. Sehen wir Jesus, den Heiland und Erlöser, dann schauen wir damit auch Gott ins Herz. In der Person Jesu Christi begegnet uns Gott. Johannes 4,9 macht uns dessen gewiß: „Wer mich sieht, der sieht den Vater", sagt Jesus.

Und wie geht es weiter in diesem letzten Kapitel? Der Zorn Gottes ist nun auf die drei Freunde gerichtet, denn sie haben Hiob in Zwiespalt und Anfechtung gebracht. „Geht zu ihm, meinem Knecht, denn an ihm seid ihr schuldig geworden. Laßt ihn für euch Abbitte tun!" Gott schaut den Freunden auf die Finger. Er läßt keine Sünde durchgehen. Aber die Freunde sollen von ihrer Schuld befreit werden.

Nun zeigt sich Hiobs wahre Größe. Obwohl er schreckliches Unrecht durch seine Freunde erlitten hat, tritt er für sie bei Gott ein und bittet um Vergebung. Sie haben ihn verklagt, sie haben ihn mit falschen Tröstungen verletzt. Er fühlte sich von ihnen unverstanden. Immer wieder haben sie Hiob vorgeworfen, er müsse wohl grobes Unrecht begangen haben, denn sonst könnte Gott ihn nicht mit soviel Unglück strafen. Aber mit solchen Anschuldigungen haben sie Hiob Unrecht zugefügt.

Aber sie sind nicht nur an Hiob schuldig geworden, sondern haben sich auch vor Gott versündigt, indem sie vermessen die Kategorien Schuld und Strafe, Frömmigkeit und Lohn anwandten und so an ihrer Auffassung von Gerechtigkeit festhielten. Gott aber ist nicht in unser kleines menschliches Denken einzuordnen. Immer sind seine Gedanken höher als unsere Gedanken. Gott behält sich die Beurteilung von Gut und Böse, von Gnade und Gericht selbst vor. Er ist Gott und bleibt Gott.

Die Freunde wollten Gott Hiob gegenüber verteidigen und haben gar nicht gemerkt, wie sie sich das Richteramt anmaßten.

Lamparter schreibt zu dieser Textstelle: „Sie haben ohne Bedenken ihren menschlichen Begriff von Gerechtigkeit, das grobe Schema von Schuld und Strafe, Frömmigkeit und Lohn, auf das Handeln Gottes angewandt, ohne zu bedenken, daß Seine Gedanken höher sind denn Menschengedanken. Sie haben die souveräne Freiheit Gottes in Gericht und Gnade verkannt und der Meinung Vorschub geleistet, als könne man Ihn, den Unbegreiflichen, in ein kluges, wohl ausgewogenes menschliches System einkerkern. Sie haben eben damit, daß sie vom Unglück der Frevler und vom Segen der Frommen in einer Weise geredet haben, als ob die wechselseitige Beziehung zwischen Gott und Mensch ein Geschäft sei, das auf Leistung und Gegenleistung beruhe, den Verdacht des Satans bestätigt, sie haben ihm dem Widersacher Gottes, freilich unbewußt, in die Hände gearbeitet und seine Front verstärkt. Darum ist der Zorn des Herrn, der ‚um jedes Wort weiß, was auf unserer Zunge ist‘, über sie ergrimmt."

Hiob bittet für die Freunde um Gottes Verzeihen.

Vers 10 versetzt uns ins Staunen. Mit einem Schlag wendet sich das Blatt. Hiobs Verlust wird wettgemacht in einer Weise, daß er es gar nicht fassen kann. Die Fülle der Güte Gottes bricht über ihn herein. Zweimal soviel wie er an Besitz gehabt hat, empfängt er nun aus der Hand Gottes. Er bekommt Schafe, Rinder, Kamele, Eselinnen doppelt soviel, wie er früher sein eigen nennen konnte. Seine Gesundheit wird ihm wieder geschenkt. Alle Wunden heilen ab. Wer das schon mal an seinem eigenen Leib erfahren hat, begreift Hiobs Glück. Seine innere Zufriedenheit ist nicht auszuloten. Alles, was ihm der Satan geraubt hat, erhält er zwiefältig wieder. Sein Ruhm, seine Ehre werden ihm neu geschenkt. Plötzlich lassen sich auch wieder seine Verwandten blicken. Das klingt fast zynisch, denn in seinen Krankheitstagen hatten sich alle aus dem Staub gemacht.

Der Mensch ist nur schwer dazu zu bewegen, das Elend mit seinen Anverwandten zu teilen. Geht es einem Angehörigen aber gut, dann scharen sich die Leute um ihn, jeder will am Glück Anteil haben.

In der Fülle des Segens zeigt sich Gottes Herz. Er speist seine Leute nie nur mit ein paar wohlmeinenden Worten ab, sondern spendet auch materielle Güter. Wenn Gott gibt, dann gibt er reichlich, verschwenderisch. Wir dürfen es auch erfahren in guten Ernten, in einem guten Geschäft, in einem gelungenen Werk. Wir dürfen Gott darüber loben, daß er uns soviel Gutes tut. Von Adolf Schlatter, dem großen Theologen, stammt der Satz: „Wer sich schämt, guten

Wein gut zu finden, ergibt sich einer Unnatur, die sittlich und unschädlich ist." Die Köstlichkeiten dieser Erde sind nicht nur für die Heiden geschaffen, und ich darf die Gaben dankbar genießen und mich darüber freuen. Aber Gott tut an Hiob noch mehr. Er läßt ihn Vater von sieben Söhnen und drei prachtvollen Töchtern werden. In umgekehrter Reihenfolge darf Hiob nun sprechen: „Der Herr hat's genommen, der Herr hat's gegeben. Der Name des Herrn sei gelobt." 140 Jahre legte Gott ihm an Lebenszeit zu. Er war wieder geachtet und geehrt. In sehr hohem Alter wurde er aus der Zeitlichkeit in die Ewigkeit abberufen. Ganz schlicht heißt es: „Und Hiob starb alt und lebenssatt." So endet sein Dasein, das in einer ungeheuren Spannung zwischen Gott und dem Satan stand. Einsame Höhen, aber auch grauenvolle Tiefen hat Hiob durchstehen müssen. Er war bei den Menschen geachtet und zugleich verschmäht. Himmel und Hölle sind um seinetwillen in Bewegung geraten. Aber Hiob bleibt standhaft, er gab Gott allein die Ehre. So darf er ausgesöhnt mit seinem Schöpfer ohne Verbitterung, ohne Gram, einfach lebenssatt, d. h. gesättigt durch die Fülle der Gnade Gottes heimfinden zu ihm. Das Leben war ihm nun genug geworden, er war müde. Hiob hat die Erwartungen, die Gott an ihn gestellt hat, erfüllt. Satans Verdacht, daß Hiob Gott nur zugetan ist, solange es ihm gutgeht, hat sich nicht bestätigt. Nein, Hiob liebt Gott um seiner selbst willen, und dies ist auch das Ziel Gottes mit uns.

Verschiedene Ausleger sehen in Hiob die Verschattung auf Christus. Aber dabei darf ein Unterschied nicht übersehen werden. Hiob mußte sterben, wie alle Menschen sterben müssen, aber Jesus, der Gottessohn, hat dem Tode die Macht genommen und durfte auferstehen. Mit Jesus dürfen auch wir hoffen.

Leben mit Gott – wie spannend!

Davon berichten die Bücher von Lotte Bormuth.

Lotte Bormuth ist Hausfrau in Marburg, verheiratet und Mutter von fünf Kindern. Durch viele Bücher und auch durch zahlreiche Vorträge ist sie weithin bekannt geworden. Bei ihr spürt man den weiten Erfahrungshorizont und ihre Fähigkeit, den Menschen in seiner Ganzheit zu sehen und nüchterne, biblische Seelsorge zu bieten.

ICH STAUNE ÜBER GOTTES FÜHRUNG
TELOS-Taschenbuch Nr. 302, 104 Seiten

GOTT KOMMT MIR IMMER ENTGEGEN
TELOS-Taschenbuch Nr. 326, 104 Seiten

. . . SO SOLLT IHR MEINEN BOGEN SEHEN
TELOS-Taschenbuch Nr. 416, 132 Seiten

DA BLEIBT MIR NUR DAS STAUNEN
TELOS-Taschenbuch Nr. 571, 136 Seiten

VOM GLANZ DES GLAUBENS
TELOS-Taschenbuch Nr. 618, 120 Seiten

LIEBE IST WIE EIN WUNDER
TELOS-Taschenbuch Nr. 688, 138 Seiten

WENN DIE SEELE WIEDER SINGT
TELOS-Taschenbuch Nr. 7602, 160 Seiten

GOTT ENTDECKEN IST LEBEN
TELOS-Taschenbuch Nr. 7628, 128 Seiten

WEIL DU SO WERTVOLL BIST
TELOS-Taschenbuch Nr. 7662, 144 Seiten

HÄTTE ICH NUR EINEN MENSCHEN
TELOS-Taschenbuch Nr. 7677, 120 Seiten

MÜTTER IN DER KRISE –
MÜTTER UNTER GOTT!
Edition C-Taschenbuch Nr. T 63, 88 Seiten

GOTT BAUT – WIR BAUEN MIT
Edition C-Taschenbuch Nr. T 71, 88 Seiten

. . . DASS ES DIE ELENDEN HÖREN
Edition C-Taschenbuch Nr. T 89, 96 Seiten

ICH SUCHE DAS DU
Edition C-Taschenbuch Nr. T 108, 108 Seiten

WIE DAS LEBEN SO SPIELT
Edition C-Taschenbuch Nr. T 167, 132 Seiten

SPUREN IN DIE WEITE
Edition C-Taschenbuch Nr. T 195, 112 Seiten

. . . WIE DIE STERNE AM HIMMEL
Edition C-Taschenbuch Nr. T 200, 120 Seiten

DIE NACHT LEUCHTET WIE DER HELLE TAG
Edition C-Taschenbuch Nr. T 247, 128 Seiten

KEINE ANGST VOR DER FAMILIE
Edition C-Taschenbuch Nr. T 273, 160 Seiten

DIR, HERR, DARF ICH ALLES SAGEN
Edition C, Nr. P 83, 64 Seiten, 15 Farbfotos

KANNST DU STERNE ZÄHLEN?
TELOS-Kinderbuch Nr. 3883, 32 S., farbig illustriert

WER BAUT DIE GOTTESSTADT?
TELOS-Kinderbuch Nr. 3936, 32 S., farbig illustriert

FRANCKE
Verlag der Francke-Buchhandlung GmbH